マーガレット・テート・キニア・バラ

ジェームズ・ハミルトン・バラ

1868年にバラが横浜居留地167番に建てた小会堂。
日本最初のプロテスタント会堂である。

1875年に建設された横浜海岸教会の会堂。
1902年の創立30周年の記念撮影。

ジェームズ・バラの若き日の回想

日本最初のプロテスタント教会を創った

Grandpa's Romance of Missions

［著］ジェームズ・バラ
［訳］飛田妙子

キリスト新聞社

序文

この自伝の作者であるジェームズ・バラ宣教師は、幕末の日本開国から二年後の一八六一年に来日し、禁教の中で多くの人を信仰に導き、一八七二年（明治五）三月十日に日本初のプロテスタント教会である日本基督公会を設立しました。それを受け継ぐ私たちの教会では、今、二〇二二年に迎える教会創立一五〇周年に向けて教会史の編纂作業に当たっています。それに先駆けて創立者の自伝を世に送り出す機会を得たのは、たいへん喜ばしいことです。

本書の概略は「まえがき」で紹介されていますが、読んだ私の感想は、「今こそ、読まれるべき本だ」ということです。現在、日本では教会員の高齢化や献身者不足など、伝道の停滞が教派を問わず問題となっています。このような時こそ、キリスト教の二千年の歴史を振り返り、特にその中に現れた信仰の偉大な先達の声（自伝）に耳を傾けることが大切かと思います。

言うまでもなく、優れた自伝は、誠実に、隠すことなく、ありのままに述べられています。それだからこそ、読み手は、書き手が様々な状況の中でどう考え、どう祈り、どのような姿で前に進んで行ったのかを追う中で、倣って歩もうという思いが与えられるのだと思います。

それは本書にも当てはまります。バラは日本に来てからお世話になった宣教師のヘボン博士とは違い、学校に行くより家計を支えるために働かなければならない少年時代を過ごしました。しかし、それによって足腰が鍛えられ、人を見る目が備わって、後の日本での宣教に役立った、と彼は素直に感謝の思いを述べています。

また、いろいろなことが起きた時に力を得たとしてバラが挙げている聖書箇所とその捉え方を通して、聖書全体から福音的に理解するとはこのようなことなのだと教えられます。本書をお読みになる方々も、きっと、バラやその他の宣教師が命がけで伝えた福音の重さを覚え直されることと思います。

本書の翻訳に当たった飛田妙子姉は、前述の教会史の編纂メンバーの一員であり、特に幕末から明治初期のバラたち宣教師の英文資料を調べていて、その作業の中でこれまでの定説とは違ういくつかの発見もされています。彼ら宣教師たちによって建てられた、いわゆるミッション・スクールで学び、教え、現在、バラによって創られた教会で礼拝生活を守る飛田姉は、まことにふさわしい翻訳者であったと、あらためて思わされました。

日本キリスト教会横浜海岸教会
牧師　上山修平

まえがき

本書は米国オランダ改革派教会の宣教師ジェームズ・ハミルトン・バラ（一八三二―一九二〇）の初期の自伝“Grandpa's Romance of Missions”の翻訳です。原文は一九七ページからなるタイプの原稿で、生い立ちから本格的な伝道を始めるまでのことが書かれています。バラの自伝には『宣教師バラの初期伝道――しののめ　夜明け　日本における神の国のはじまり』（井上光訳、キリスト新聞社　二〇一〇年）がありますが、本書はその前編となるものです。

バラは一八六一年（文久一）に来日してから一九一九年（大正八）に帰国するまで、五八年間ひたすら日本伝道に尽しました。日本語はあまり達者ではありませんでしたが、熱心な教育と祈りによって、多くの人に影響を与えました。

日本基督公会が設立されたときには、宗教的リバイバルという現象が起こったことが記録されており、当時バラから直接教えを受けた人々は、みな一様にバラの大きな人間愛と、圧倒的な宗教的情熱について語っています。そうした資質や霊感がバラの中でどのように育まれたのか、おそらく本書の中にそのヒントが見出されると思います。

まず本書の内容をかいつまんでご紹介しましょう。

母は信仰の篤《あつ》い人で、ジェームズは幼いときから母の話によって、自分が神のご用のために捧げられていることを認識していたようです。父はジェームズがまだ幼いころ、持っていた広い農園をふとした事件で失い、以後は転々と住まいを変えなければなりませんでした。子どもの多い大家族だったため、ジェームズは家計のために幼いころからドラッグストアなどに働きに出て、仕事の合間に学校に通うような生活を送りました。

住み込みで働いていた思春期のころ、可愛がっていた主人の幼い娘が病死し、「自分も死にたいほど」の衝撃を受けました。しかしこの出来事により、魂の成長が始まることになります。彼はその悲しみの中で多くの書物を読み、その傍ら聖書全巻を一年で読み通す計画を立てて達成します。しかしそうするうちに幼いときの記憶が呼び覚まされて罪の意識が目覚め、悩みぬいた末に聖書の言葉に慰めを見出し、祈りによって救いを得るのです。

信仰に導かれたのちも何度か啓示を受けて、次第に宣教師になろうという決意が固まったとき、フリーマン牧師というよき師に出会って道が開かれていきました。

そのころ父はまた農場を買うことができたのでジェームズは勤めをやめ、農作業をしながら大学受験の勉強を始めました。そしてラトガーズ大学に入学し、さらに隣接のニューブランズウィック神学校に進学します。まだ神学校在学中に日本が開国し、日本伝道に向かう米国オランダ改革派教会の先輩宣教師S・R・ブラウンが講演に来てジェームズは感銘を受け、日本伝道を望むようになりました。すると神学校を卒業した一八六〇年の暮、「主の導きによって」いくつかの偶然が重なり日本派遣が決まったのでした。

それからは持ち前の行動力が発揮されました。年明け早々、告別の挨拶にヴァージニアの親戚を訪れ、同地に住む遠縁のいとこのマーガレット・テート・キニアとの結婚を決めます。そして五月十五日にヴァージニアで結婚式を挙げ、南北戦争の開始で道中はごった返す中をニューヨークへ戻り、近くの親戚や友人に慌しく別れを告げて六月一日、「キャセイ号」で日本に向け出発。ジェームズは二十九歳、マーガレットは二十一歳でした。

ここで一八五九年の開国直後の日本の状況に触れておきます。日本はいわゆる幕末の激動の時期で攘夷派の勢いが強く、外国人は絶えず危険にさらされていました。キリスト教はまだ禁教でしたが、日米修好通商条約の第八条によって居留地内における外国人の信仰の自由は保証されていました。そのため外国人に対する伝道は許されて礼拝堂も建てられるようになり、宣教師の来日も可能になったのです。

横浜に最初に上陸したプロテスタントの宣教師は米国長老教会のJ・C・ヘボン（一八一五―一九一一）です。ヘボンは一八四一年、新婚の妻クララと共に中国で伝道を始めましたが、夫人が健康を害したので本国に戻り、ニューヨークで開業医となって成功していました。しかし日本開国の報を聞くと再び宣教師としての使命に目覚め、日本伝道を決意します。そこで病院や住居を処分して資金を作り、十四歳の息子サムエルを全寮制の学校に入学させるなど出発の準備を始めました。父親や親戚は驚いて猛反対しましたが、その決心を変えることはできませんでした。

一八五九年四月二十四日、夫妻は「サンチョ・パンサ号」でニューヨークを出航、約半年後の十月十八日に横浜に到着しました。ヘボンは上陸すると神奈川本覚寺のアメリカ領事館を訪ねて宿舎の斡旋を頼み、領事館に近い成仏寺を選びました。この寺には本堂と庫裏《くり》（僧侶の住まい）があり、ヘボンは小さい方の本堂に入居しました。

それから二週間後の十一月一日、米国オランダ改革派教会の宣教師S・R・ブラウン（一八一〇―一八八〇）が横浜に到着しました。ブラウンもまた、中国伝道の経験者でした。一八三九年、夫人と共に中国に渡り、英語とキリスト教を教えるモリソン記念学校の校長となります。そしてテキストを作るために夫人とシンガポールに行ったとき、ヘボン夫妻と出会ったのでした。その後夫人が体調を崩したので一八四六年に帰国し、ニューヨーク州のローマ・アカデミーの校長となり、五一年からはオワスコ・アウトレットのサンドビーチ教会の牧師を兼任しました。この教会には、のちにフェリス女学校の創設者となるメアリー・キダー、フルベッキ夫人となるマリア・マニヨン、自給宣教師となるミス・アドリアンスがいました。

一八五九年、五十歳のとき日本伝道の呼びかけに応えることを決意し、同じく改革派のシモンズ夫妻、フルベッキ夫妻、ミス・アドリアンスと共に、妻と三人の子どもたちを連れて五月七日、「サプライズ号」でニューヨークを出航しました。

途中フルベッキ夫妻とブラウンの家族らは上海にしばらくとどまり、ブラウンとシモンズ夫妻は十一月一日、神奈川に到着します。ブラウンはさしあたりヘボンのいる成仏寺の本堂に同居し、シモンズ夫妻はその近くの宗興寺を住居としました。

ブラウンは到着後最初の聖日に、日本で最初となる礼拝を行いました。参加したのはヘボン夫妻、領事館の職員、横浜の商館の人たちなど。二ヵ月後にブラウンの家族らがやってくると、一家は成仏寺の庫裏に入居しました。なおフルベッキは長崎に上陸し、長崎を中心に宣教を始めました。

続いて来日早々の二人の宣教師の仕事ぶりを紹介しましょう。

日本の役人たちは、宣教師ができるだけ日本人と接触しないよう目を光らせていましたが、ヘボンは宿舎周辺の散歩を日課とし、日本人に出会うと気軽に声をかけて「コレハナンデスカ」と、手あたり次第に物の名前を聞いて日本語を覚えていきました。その努力が数年後に『和英語林集成』という大辞典として実るのです。このとき外国人が日本語を正確に発音できるように開発したのが「ヘボン式ローマ字」で、これは現在も使われています。

また当時の日本ではトラコーマなどの眼病を患う人が多くいました。そうした人たちをヘボンは自宅へ連れてきて無料で治療しました。薬は劇的に効き、多くの人が訪れるようになりました。

一方ブラウンは牧師として積極的に礼拝を行い、英国聖公会の礼拝に招かれて説教をすることもありました。日本語教師として寺医の矢野隆山を雇って日本語を覚える傍ら、堪能だった中国語を利用して中国語の聖書の日本語訳を試みます。また矢野の協力によって、英語の慣用句を会話体の日本語に訳した“Colloquial Japanese”(『会話日本語』)を完成し、その印刷のため上海にも出かけて行きました。この本は日本人のための教科書となりました。

一八六一年十一月十一日、バラ夫妻はちょうどブラウンが上海に行って留守のあいだに横浜に到着し、ヘボン博士とブラウンの家族たちの歓迎を受けました。このときヘボン夫人も、本国に残してきた息子のサムエルのもとに一時帰国しており、バラ夫妻は当面成仏寺本堂のヘボン宅に同居することになりました。

　十二月一日、バラは成仏寺で日本到着後最初の説教を行いました。十二月半ばにはブラウンも上海から戻り、これで横浜における初期伝道の主要な宣教師、ヘボン、ブラウン、バラの三人が揃いました。バラ夫妻はブラウンから日本語教師の矢野隆山を譲り受け、まず日本語の勉強に取り組みます。

　神学校を出たばかりのバラは、経験や学識においては二人の先輩に及びませんでしたが、彼には溢れるほどの情熱と行動力と、商売で培った人付き合いの巧みさ、それに労働で鍛えた丈夫な体がありました。その後の伝道生活で、それらの能力は十二分に発揮されていくのです。

目次

序

「真実は小説より奇なり」

一九一〇年三月十八日

この日の昼、まったく思いがけず、この原稿がいろいろなパンフレットに混じって箱の中に入っているのをみつけました。

通して読んでみたところ、訂正や加筆が必要な部分はほとんどありません。

一八九九年三月十日　　　横浜

子どもたちと孫たちへ

これは、主に導かれて宣教師として過ごした私の三七年間の記録です。

私はクリスチャンとして五〇年、一人の人間として六七年生きてきました。

今の心境をモットーとして語るなら、「詩編」六六編の二〇節ほどふさわしいものはありません。

神をたたえよ。
神はわたしの祈りを退けることなく
慈しみを拒まれませんでした。

この詩編全体、特に一六節以下の聖句が、神に対する私の心からの感謝の思いを表しています。

父母の歴史やその祖先の歴史について、私はもっと多くを書き残したほうがいいのかもしれませんが——次のように言えばもう十分です。

「私は主に祝福された正しい人間の子孫である」と。

これ以上の遺産を、私は子や孫に遺したいとは思いません。

一章　少年時代

生まれ故郷

私は一八三二年九月七日、ニューヨーク州デラウェア郡のオーケル湖のほとりにある町ホバートで生まれた。デラウェアという地名は、このオーケル湖に源を発するデラウェア川に由来する。

一八三二年には、アジアで流行したコレラが、合衆国ではじめて発生し、とりわけニューヨーク市で猛威をふるった。

私の最初の記憶は、三歳くらいのころ白い布のかかったベッドのそばの椅子によじのぼって、幼い妹のジェーンの遺体を見たことである。ジェーンは私の次に生まれた妹で、十人の兄弟姉妹のうち死んだのはこの子だけ。あとの九人はみな成人した。

このことがあったのは、北コートライト郡区に隣接するハーパーフィールドだった。コートライトというのは、王様からその地区の統治権を与えられたコートライト卿にちなんで名づけられたものである。コートライトの地図については、歴史を語るおもしろい話がある。その地の簡単な歴史をそえたオランダ製の古い地図が何世紀も前にはるばる日本に渡り、将軍所有の骨董品の中に納まっているのを、私が静岡で目にしたのだ。ウォーレン・クラーク教授[1]が静岡で教鞭をとっていたときのことである。

教会

両親が所属していた教会は、北コートライトの合同改革長老教会で、牧師はウィリアム・マコーレイ師（ニューヨークのトール・マコーレイ師の兄弟）だった。この牧師は、聖職者の肖像をいろいろ見たところ、クィンシー・アダムズとかダニエル・ウェブスターに似た感じだったように思う。

幼いころの記憶に、この教会で催されたコミュニオン・シーズン[2]（「聖なる祭り」とも呼ばれる）のさまざまな場面がある。これはその昔神と結んだ契約通りの形で行われるものだ。何日にもわたる準備の日々、たびたびの礼拝、緑の芝生の上に現れるたくさんの荷車、紳士や淑女を乗せた馬、サドルを乗せただけの馬。それから礼拝の合間にとった昼食の光景などなど。

礼拝ではだいたいお祈りのときには立ち、歌のときには座った。朗読されるのは、もっぱら詩編の「ダビデの歌」か、やさしく書き直した聖書である。鮮明に覚えている最初の礼拝は、聖餐式の礼拝で、司式がウィリアム・マコーレイ牧師、補佐がホバートのロバート・フォレスト師だった。聖書は「そしてパウロとシラスは真夜中に神を賛美した。[3]」この祭りがあったのは何歳のときだったのか定かではない。ニューヨークへ行く前だったか後だったか、はっきりしないが、たぶん後だったように思う。

そのニューヨーク訪問は一八三八年だった。このときウォーカーの辞書をもらったので、もし記憶が正しければ、その中に日付が書いてあるはずである。父方のおじと母方のおじが、ニューヨークのブッシュウィック（いまのブルックリン）で、一緒に日用品店を経営していたので、しばらく滞在したのだった。その店は、ブッシュウィック街（アヴェニュー）と、グランド・ストリートの交差点の角にあったと思う。グランド・ストリートには、優雅なコリント式の柱のある白い窓枠の家が、いくつも建っていた。

一番よく覚えているのは、緑の芝生に囲まれた大きな古いオランダ教会である。牧師はミーカー博士で、ニューヨークの大商人だった大おばの故マネッツ・ジェームズ・バラとその家族もその教会員だった。この教会の礼拝には出席しなかった。日曜日にはおじたちが自分の子どもたちと一緒に、私をあちこち連れて行ってくれたのである。先ほどの大おばの家族にも会いに行った。それから市内のノースアンバー・ストリートにあるバラ家のおじのロバートとウィリアムの家にも行った。だが、市内にしろブッシュウィックにしろ、ニューヨークに泊まっているときには、教会でも家庭でも、宗教的な感銘を受けることはほとんどなかった。

しかし教会経営の教区の学校に行ったとき、私は新約聖書を夢中になって読んだことを覚えている。教えがどうというのではなく、ただ読んだという記憶だけだ。それからここで、私の一生を拘束するほどの影響を持つ、ある事柄が起こったのだ。

誓約

それは禁酒の誓約に署名したことである。何の目的も意図もなくしてしまったことだった。クラスの女の子が誓約書と署名票を持ってきて、「署名してください」と言ったので、私はただ、断ったら悪いというくらいの気持ちで署名した。まったく不注意にしたことだが、署名したという記憶も、誓約の内容自体も消えなかった。その内容とは「お酒の類は飲みません、売りません」というものである。その後の生活で、「飲みません」は、「売りません」ほど大きな意味をもたなかったが――もっとも、昔も今も、両方とも大切なことに変わりないけれど。

父の農場に戻るとすぐ、私は家からほぼ一マイル離れたハーパーフィールドの町の大きな学校に通った。校長先生の机の前に、同い年の男女の子どもたちといつも一列になって座った。先生の名前はイノック・ホーキンズだったと思う。とても背の高い人だった。

町のある店の主人は、私にスティック・キャンデーをくれたことがあったので、とてもいい人だと尊敬した。トス・バーリソンという名前だったと思う。その人には娘がいて、まだ小さな子だったのに、私は「恋人」のように感じていたものだ。

ホバートでは横笛やドラムをいつも練習していた。横笛やドラムやジンジャー・クッキーは、戦闘の際の景気づけのため、早くに導入されたものである。

インドに宣教に行ったミス・ジェーン・ホチキスという人は、母に重要な影響を与えた人だと聞いている。宣教師になって一緒にインドに行かないかと母を誘ったそうである。母は「いいえ、あなたはいらっしゃい。私は家にいて、宣教師を育てましょう！」と答えた。この農場から、一時は四人の子どもが宣教師として働き、そのうち三人は長期にわたって宣教に従事した。母の言葉の通りになったのである。

ダヴェンポートに引越し

父はある実業家の保証人になって気易く署名したためその借金を引き受けることになり、あの美しい農場を手放してダヴェンポートの農場を借りた。そこは私のおじのジェームズ・クレイグの所有する土地で、同じ名前の祖父の故郷でもあった。祖父のクレイグは、一八二四年六月、子どもたちを連れてアイルランドから移住してきたのである。アイルランドでの暮らしはかなり裕福だったので、移住のときには男女の召使を一人ずつ連れてきた。彼らはニューヨークに落ち着き、家族の一員として大事にされた。クリスチャンだったこの忠実な召使のロバート・アームストロングは、のちに私の信仰の目覚めに貢献してくれるのである。

祖父のクレイグが入植したデラウェア郡は、信心深い親戚のベンジャミン・パーカーの近くだった。パーカーの娘のメアリーは、のちにニューヨーク市の共同教会学校のヘンリー・W・ダンシー牧師の妻となる。

ダヴェンポートでは、ハートナー家の子どもたちやほかの子どもたちと学校に通った。その中に、誰の娘だったかセシリアという子がいて、私と仲良しだった。学校の先生はほとんどが女性で、好きな先生が多かったが、若くて生徒を統率できないような先生は嫌いだった。

この農場ではいろいろな経験をした。春にはメープル・シロップを作り、キジを捕まえ、夏にはヤリで魚をついたり、兄たちと一緒に岩かげにひそんで、鱒を素手でつかまえたりしたものだった。イチゴを大きな手桶いっぱい摘んだこともあった。

毎日の仕事には羊や犬の世話、攪乳器を回すこと、天秤棒で泉から水を汲んでくることなどがあった。そして日曜日には仲間が一団となって、七、八マイルもあったと思われる北コートライト教会に通ったのである。このように少年時代によく体を鍛えたことは、日本での足を使う宣教に大いに役だった。

この村に、ニューヨーク市からきたアイルランド人の少年がいて、近所の子に悪いことばかり教えていた。相手になった少年たちは、逃げようと思っても、なかなか逃げられない。「朱に交われば赤くなる」、まさに「一人の罪人が多くの善人を滅ぼす」ことを見せつけられた事柄だった。

　そのころだったか、兄が大都会のニューヨークに出て、親戚のサムエル・レイニーの牛の群れの世話を手伝うことになった。旧約聖書のヤコブとエサウのように、私は人のよい兄の親切につけこんで、兄が家を離れる際に父からもらったお小遣いをせびったのだった。きっと兄は町で欲しいものをたくさん見つけて、お金があったらなあと、私にねだられたことを恨めしく思っただろう。

人生の目的

　十二歳になったこのころ、人生の目的とは何だろうという思いが頭をもたげてきた。第一に、私は店を持ちたいと思った。たくさんの人が、きまって買い物にきてくれるからだ。二番目は、先生になりたいと思った。大勢の子どもたちを教えられるから。そして三番目に聖職者がなにより優っていると思った。店の主人も、学校の先生も、みんな神の教えを聞きにこなければならないからだ。だから、聖職者がいちばんいい。この計画を、文字通り人生の中で実現できたのは、まあ、すばらしいと言えるのではないか。

ニューヨークに移る

　一八四三年の秋か一八四四年早々、両親はニューヨークに引っ越す決断をした。母は若いころニューヨークに住んでいたし、そこにいる親戚には有力な知人がたくさんいたからだ。父と私と妹が先発した。一頭立て四輪馬車に乗って、ケアロほかいくつもの町を過ぎてキャッツキル山地を登りきると視界が開け、一面の平原の中に森林が点在してまるでパッチワークのような景色が繰り広げられたのを思い出す。それは雲のように、空に浮かんでいるようにも見えた。「遠くの山々はバークシャヒルズ、あの広い谷間を銀色の帯のように流れているのはハドソン川で、ノース・リバーとも呼ばれているんだよ」と父に教えられて、私は初めてその一帯の地理を理解したのだった。

その後二度ばかり、山の別の地点からこの壮大な光景を見たであろうか。幼年時代を過ごした数々の景勝の地を、生涯再び訪れることができなかったのを残念に思う。景色それ自体も懐かしく貴重だが、この地はいとこのウール家の人びとや、母のおじのロバート・バラの家族の遠い思い出ともつながっているのである。彼らも私たちよりあとに、ニューヨークに来てしまったからだ。

両親がどうやら借りることができたのは、都市と郡との境にある開発されたばかりの土地で、八番街に近い三二番ストリートだった。兄は、家族にとって必要なミルクを得るため、牝牛の群れの世話をすることになった。当時四二番ストリートの近くに貯水池があって、その周囲が牧場になっていたのである。そこにはハーレム鉄道が通っていたようだ。すぐ傍にトンネルがあって、機関車がトンネルに入ると、もうもうとした煙が流れ出てきたのを覚えている。

その近くの盲人の訓練施設に新しい建物が建ち、新しい公立学校もちょうど開校したところだった。私はその公立学校に入ることになったが、母はそれがプロテスタントかどうか気がかりだったそうである。でもうれしいことに、毎朝聖書を読み、短いお祈りをして授業が始まることがわかった。校長先生はミスター・ポートリッジで、私はすぐ先生が大好きになり、プリングルという友だちとも仲良くなった。

店で働く

学校生活は楽しく始まったが、たった二週間でやめて、店の売り子として働かなければならなくなった。その店は、ノース・パーク街とアン・ストリートの角にあるフルーツやナッツやタバコを売る店だった。角から二番目の隣の店が、ニューヨークでは一番のフランスの製薬会社デルー・&デュパイのドラッグストアだった。広場をはさんだちょうど向かい側にアストロム・ハウスが建っていて、ラッシュトウのドラッグストアはその下に位置していた。向かいのアン・ストリートの側には、外壁に動物や鳥の絵が描かれているバーナム博物館があった。夜はイルミネーションが輝き、昼は音楽隊がその前で演奏していた。

ブロードウェーの反対側には、優雅な尖塔のそびえる茶色の砂岩でできたセント・ポール教会があった。教会の裏には墓地があり、その前方にはアイルランドの政治活動家トーマス・アディス・エメットの大理石の記念碑が建っていた。
シティ・ホールのある公園はその先に広がっていて、その隅に有名な木製のポンプがあった。公園通りのオペラハウスのウィンスロウ・レストランは、この町の上層階級の人ならだれでも知っている店だ。ガーディナー・スプリング博士の古いレンガの教会も、このあたりでは目印になる建物だった。現在ワット・サエ&トリキューンの巨大なビル群が建っている前方の区画を全部占めていたのである。

雇い主

イギリス人の雇い主べイトソンのフルーツ&ナッツの店で働いたのは、ほんの数週間だった。朝に晩にナッツの入った大樽を転がしながら運搬するのは、私の体力では無理だったのだ。店主は親切にも、隣のドラッグストアに仕事場をみつけてくれたのである。そこではソーダ水を売ったり、薬を作ったりする軽い仕事をさせてもらった。薬作りには、セドリッツ散という粉薬を作ったり、丸薬を丸めたり、シロップ剤を作るためにサルサペリラという植物の根を砕いたり、有毒なマチン・ホミカ(ストリキニーネ)を粉末にしたりする作業があった。マチン・ホミカの生薬はいやな匂いがして、この丸薬を作るのはいちばんつらかった。

雇い主はみな人柄のよい紳士だった。デルーという名前の人はローマ・カソリックの信者だったが、宗教を話題にしたことはなかった。もう一人はスイスのプロテスタントの人だったが、母国に帰ってスイス人と結婚した。デュパイという人とはあまり接触がなかった。町の中の店を受け持っていて、やがて店の協同関係も解消してしまったからだ。店の上司にはフランス語を話すイギリス人の店員頭と、フランス人のアルフレッド・ウォーレスという店員助手がいた。店の中の人間関係はとてもよかった。

ドラッグストアは日曜日も開けていなければならないので、私は一週おきに日曜日も店の主人か店員頭と一緒に店番をしなければならなかった。そのほかの日曜日には、おじの家族と一緒にフランクリン・ストリートにある合同改革教会に通った。このドラッグストアにいるあいだに三つの事件があり、私はこれを正直に記録しておかなければならない。それは神の掟を破ったことだった。

神の掟を破る

一つは、安息日のほぼ一日中、船着場やイースト・リバーの岸辺で、大勢の群衆に混じって「グレイト・イースタン号」[4]の到着を見ていたことで、十戒[5]の四番目の掟「安息日を守れ」を破ったのである。実にみじめで、魂も消え入るような失望の日となった。その日私は、罪びとが歩む道がいかにきびしいかを十分に味わった。そのときどうやって厳格なおじの叱責を逃れたのか覚えがない。子ども時代、私はそのおじの家族の一員として、しかも一人息子として育てられたのだから。ほかに四人の姉妹がいたが、みな私より年下だった。

もう一つのさらに重い罪は、雇い主の持ち物を自分の物としたことだ。これはいちばん重い罪である。すっかりカスタード・パイのとりこになったためだった。そのころ店では四分の一に切ったパイを、一切れ六ペンスで売っていた。一週間に一度か二度、私はソーダ水の売り上げの引き出しから六ペンスを抜き取ってパイを食べたのだった。特に良心の呵責は感じなかった。それが罪であるという意識がなかったのである。でも幸いなことに、それ以上の誘惑にかられることはなく、パイの魅力も次第におさまった。

ソーダ水を売ったり、コップを洗ったりするとき、私はよくコップをこわしたので、主人にはきびしく注意されていた。その店はよい客層の紳士やご婦人方が大勢訪れるので、いつも結構忙しかった。流し台は、商品の飲み物を並べたり、空いたコップを戻したりするカウンターのすぐ下にあり、私がコップをこわすのはだいたい大忙しで洗っているときで、これはよく人の目についた。主人は、「こわしたコップ代を弁償してもらうぞ」と言って、私がこわすたびに数をかぞえ、かなりの数になったときに私に知らせた。私は前もって主人の引き出しからその分のお金を抜き出しておいて払った。すると主人は「その金は誰がくれたのか」と聞いたので、「おじが出してくれた」と嘘《うそ》の答えをした。

後日、主人はおじに散財させたことを謝ることになった。おじは、「私は出していませんが、たぶん家内が払ったのでしょう」と言った。主人は、それで納得したのであろう。しかしおじはすぐに私を呼び出して「どういうことか説明しろ」と言ったので、私は自分のしたことを正直に話した。するとおじは、「もし自分のものでないものに、たとえ一セントでも手を出したら、今後いっさい面倒はみないぞ」ときつく諭した。

おじはそれ以上、道徳とか罪とかについては何も言わなかったように思う。二度とするなと禁じたことだけ覚えている。それで十分に効果があったことを感謝する。その日から現在まで、自分のものでないものは、誰からも、何物をも、盗もうと思ったことはない。

ドラッグストアにいたとき、私の将来に同じく大きな影響を及ぼすことになる事件があと二つ起こった。

劇場に行く

一つは私の人生の最初で最後、たった一回だけ劇場に行ったこと。店員助手のアルフレッド・ウォーレスが芝居好きで、その年齢の少年によくあるように、よからぬ空想にふけるくせがあったようだ。とてもおもしろいぞ、と私をしばしば誘ったのである。私がいつも控え目なので、臆病だと思ったのだろう。もっとも、フランス人の上司も私を臆病者だといって「エレミヤ」(6)と呼んでいたが。

さて、あるクリスマスの日のことだった。私はこの日がほかの休日より大事だとは教わっていなかったので、おじかおばに（たぶんおばだったと思う）、芝居に行ってもいいですか、とたずねた。あとで聞いたことだが、このときおばは、行かせたほうがいいだろう、さもないといずれ誘惑に負けて行くことになると思って許可してくれたそうである。

昼のさなか、私はバウワリー・シアターに出かけていき、一階の後ろの安いチケットを買った。中の群衆には興味がなかった。ただ、舞台と、そこに繰り広げられるさまざまな場面に注意を集中した。幸いその芝居には不道徳なところも、特別すばらしいところもなかった。真似ごとの戦争でも肉弾戦の場面は迫力があった。だが、難破した船の甲板に上がってきた女優がお祈りを始めたとき、私は恐ろしくなった。真似ごとの神に偽りの祈りを捧げるなんて、そんなのは私のいるべき所ではない。私は心の中でそうつぶやいて、たちどころに劇場を出た。思いがけず彼女の祈りが、私を破滅の淵から救う答を教えてくれたのである。

後になって、四十歳になるまでは芝居を見に行かないと決意したという人の話をどこかで読んでこのときのことを思い出し、私もそうしようと決めたのだった。それ以来今にいたるまで、その決心を変えようと思ったことはない。

にしても。

娯楽について

珍しい日本の芝居や相撲、それに競馬（外国のものでも自国のものでも）も、私の注意をひいたことはない。たまたま通りがかりに、仕方なくちらりと目を向けることがあった

同じことは舞踏会についても言える。一度か二度、ほどほどに踊ったことはある。一回は横浜でジョージ・ワシントンの誕生日（二月二十二日）に、ジョージ・H・フィッシャー大佐の応接間で舞踏会があったときだ。自分にはこういう面の教育が欠けていたとか、当たり前の人生経験が足りなかったなどとは思わない。ここでもう一つつけ加えることができよう。日本ではホテルにいてもどこにいても、またニューヨークの町中にいても、私は道にはずれたことは見なかったということである。ニューヨークでは家族と一緒に安酒場の多いバウワリー地区や貧民街といわれたファイブ・ポイントの近くにも住んでいたが、影響はなかったのだ。これは心から神に感謝しなければならない。

もっとも、小説を読んだときや不道徳な絵画を見たとき、例外的にそれぞれ一回ずつ、ある言葉とため息が私の魂に汚点やしみを残したことはあった。このように罪の汚染から逃れることができたのは、偉大なる神の恵み。「わが魂よ、主をたたえよ！」

もう一つの事件は、そのドラッグストアにいたときか、あるいは花火を売る繁忙期におじの店を何週間か手伝っていたときかわからないが、ブロードウェーにあるジョセフ・

Ｐ・タムソン牧師のポピュラー・チャーチ（人民教会）に行ったことである。年上の店員に、きれいな女の子がたくさん見られるぞ、と誘われたのだった。女の子たちは男の目を引くように、ギャラリー（二階席）に集まるだろうということであった。

私はあまり気が進まないまま、安息日の午後、夕拝を待ってブロードウェーをさまよっていたのを覚えている。そのとき、私と同名のまたいとこが、さも楽しそうに葉巻をふかしながら歩いているのに出会った。美しく着飾ったさまざまな人たちが行きかう町でそんなことをするなんて、私には考えられないことだった。

時間になって礼拝が始まった。まるで劇場のような会堂に満員の聴衆、舞台のような講壇に立つ説教者。私の記憶に残るのはそれだけで、牧師の話もその夜起こったことも何も覚えていないが、聖書の箇所と聖句だけは心に残った。

マタイによる福音書」一一章二八節

それは「マタイによる福音書」一一章二八節「疲れた者、重荷を負う者は、だれでもわたしのもとに来なさい。休ませてあげよう。」である。尊い招きの言葉に三たびの祝福を！　それを聞かせるために私を導かれた神はほむべきかな！

その聖句がなぜそれほど深く記憶に刻まれるようになったのかはわからない。私はいつもおじの教会に行っていたので、休めば理由を聞かれることはわかっていたが、その証拠にというつもりもなかったようである。とにかく、説教が始まってから礼拝が終わるまで、その聖句をひたすら頭の中で繰り返していたのだった。それが重要な意味を持つことになるのはまだ先のことである。

案の定、おじは翌朝私を仕事場に送りながら、「夕べは君の姿が見えなかったが？」とたずねた。私は店の人とブロードウェーの礼拝に行ったのだと言った。するとすかさず「聖書の箇所は？」と聞かれたので、私は反射的に、自信たっぷりに聖句をまじえて答えた。おじは「それは嘘だろう、店の人から聞いた箇所はちがうぞ」と言ったので、私は「店の人がどう言おうと、これは本当です」ときっぱり答え、マタイによる福音書のあの聖句を暗唱した。おじはまあよかろう、という顔で、何も言わなかった。

一章　注

（1）エドワード・ウォーレン・クラーク（一八四九―一九〇七）。ラトガース大学出身。一八七一年に来日し、旧幕臣のための「静岡学校」で倫理、歴史、物理、化学、数学等を教える。一八七三年には東京開成学校の科学の教授となり、バイブルクラスも行った。いわゆるお雇い外国人で、一八七五年に帰国。

（2）コミュニオン・シーズン（Communion Season）。コミュニオンは聖餐式の意。スコットランド長老教会における年中行事で、数日間続く。一般的に木曜日の断食にはじまり、金曜日は教理問答の日で、「時の人」と呼ばれる教師や伝道師が、牧師の選んだ聖書の箇所を解釈する。時の人はふつう、その地域の教師、伝道師などが選ばれる。土曜日は準備の日で、クライマックスは聖餐式を祝う日曜日の礼拝。外に出て円形劇場などで行われることもある。月曜日は感謝礼拝。

（3）「使徒言行録」一六章二五節「真夜中ごろ、パウロとシラスが讃美の歌をうたって神に祈っていると、ほかの囚人たちはこれに聞き入っていた。」（パウロとシラスが宣教の旅に出てマケドニア地方で捕えられ、牢に入れられたときのこと）

（4）グレイト・イースタン号（the Great Eastern）。十九世紀最大級のイギリスの蒸気船で一八五八年進水。但しこの年ジェームズは二十六歳になるので、年齢的に合わないか。

（5）モーセの十戒ともいう。旧約聖書「出エジプト記」二〇章一―一七節。神がシナイ山でモーセを通してイスラエル人に与えた戒律。次の一〇項目からなる。一、あなたには、わたしをおいてほかに神があってはならない。二、あなたはいかなる像も造ってはならない。三、あなたの神、主の名をみだりに唱えてはならない。四、安息日を心に留め、これを聖別せよ。五、あなたの父母を敬え。六、殺してはならない。七、姦淫してはならない。八、盗んではならない。九、隣人に関して偽証してはならない。十、隣人の家を欲してはならない。隣人の妻、男女の奴隷、牛、ろばなど隣人のものを一切欲してはならない。（『新共同訳聖書』による）

（6）古代イスラエルの大預言者。ユダ王国末期（前五八六年滅亡）に神の召命を受けて預言者となり、王に降伏をすすめたり神殿のあり方をきびしく批判したりして反感をかい、殉教の死をとげた。旧約聖書「エレミヤ書」はその生涯と預言の集成である。

二章　主を探し求めて

ロックランド郡の農場に引越し

子どもが増え成長するにつれて家計はふくらみ、私の少しばかりの賃金もあまり足しにはならず、父はまた引っ越しを余儀なくされた。今回は田舎へ移るので私はうれしかった。忙しくて活気のある都会生活にも魅力はあるが、もともと私は田舎が好きである。落ち着いたのはロックランド郡のウェスト・ヘンプステッドで、ロバートおじの所有する農場だった。

両親と家族は一八四六年か四七年に引っ越したが、私はまだ店との契約期間が残っていたので、ニューヨーク市に留まった。しかしそのころになると、もっと勉強がしたいという気持ちが高まっていた。それに、もし薬局の仕事を続けるなら、ラテン語の知識がどうしても必要だったのである。加えて、田舎に戻りたいという憧れがだんだん抑えられなくなり、おじも両親も、それなら田舎へ来たらいいと言ってくれるようになった。

学校生活再開

農作業と、たくさんの牛を育てる酪農の作業の合間に、私はピーター・アレン師の牧するウェスト・ヘンプステッド・オランダ教会[1]付属の郡学校に通い始めた。こうして私はふたたびオランダ教会のお世話になることになった。ここで二年か少なくとも丸一年、この郡学校に通うことができた。チャー・H・オリバー氏は正規の学校を卒業した最初の卒業生の一人で、この学校でただ一人の先生だった。オリバー先生はとても立派な人で、後に義弟となるアブラム・G・キャリディにも親切だったし、私にもいろいろ目をかけてくれた。もっとも、そのおかげで私の学校生活が終わることになったのだけれども。

あとで聞いたことだが、私のことをライバルと見なしている生徒がいて、その父親が息子に州立の師範学校に入る奨学金を受けさせたいと望んでいたそうだ。先生は私と競争させるのは好ましくないと考えて、わざわざ田舎の親戚の店に私の働き場所をみつけてくれた。その店は、私の家から一〇マイルほどのサファーンにあった。母も私も喜んでこの申し出を受けた。というのは、町にいるおじが、私に店で働いてほしいと言っていたからである。ここでまた神の恵みの手がさしのべられて、幸せな結果が生まれたのだった。

日曜学校に通う

ウェスト・ヘンプステッドでは、教会のギャラリーで開かれている日曜学校に通った。

日曜学校に通うようになったのは、このときからだと思う。以前から家では毎週日曜日の夜、ウェストミンスターの小教理問答を教わっていたが、それは主の祈りを暗唱したり、聖書を読んだりという幼いときからの宗教教育が少し増えた程度のものだったのだ。

日曜学校の先生は、非常に純朴で敬虔な農民であるアイザック・シャーウッド氏だった。二人の息子は私の学校友達で、お兄さんのヘンリー・シャーウッド氏は校長先生だった。コーネリアス・ブランチという先生もいて、息子のコーネリアスとその姉妹たちも学校友達で、現在まで大事な友人として付き合っている。宗教的な意識の上でも、ごく幼いときに受けた印象は別にして、私はこの純朴な先生から最初の強い感銘を受けたのだった。

幼児洗礼

また、幼児洗礼ということについて母が語ってくれた言葉は、若い私の心に大きな真理を植え付けた。母はそれぞれの子どもたちの幼児洗礼について、こう語ったのである。「ほかの子どもたちはみなウィリアム・マコーレー先生から洗礼を受けたのだけれど、あなただけはあの善良なロバート・フォレスト先生から受けたのですよ。そのことをよく覚えておいてほしい」と。そのとき私の心に、いろいろな疑問が起こったことを覚えている。洗礼とは何か？　どういう意味があるのか？　ということだった。洗礼式が行われるのは見たことがある。父と子と聖霊のみ名によって、志願者の額に水がまかれるのを知っている。「そうだ、神のみ名が人の上におかれるのだ」、と私はつぶやいた。だから人はもはや自分だけのものではなく、神のものとなるのだ。それゆえ神の名を汚すことがないよう、十分注意しなければならない。自分の行動にもっと注意を払わなければ。そのとき私はまだ「心の再生」ということは何も知らなかったが、このことは深く脳裏に刻まれたのである。

日曜学校の先生の教えから受けた印象も、似たようなものだった。教材は「マタイによる福音書」二五章の最後の審判、すなわち羊と山羊を識別する話だった。先生はごく一般的な説明をしたあとでさらに感情をこめ、涙を浮かべながら「私たちのうち誰であっても、その日審判の左側にいるとしたら悲しいことだ」と言った。真理の核心に迫ったのは、言葉ではなく、むしろその言い方だったのである。悔い改めることの苦しさ、用心の大切さはよくわかったが、そのとき祈りが捧げられたということのほか、何も思い出せない。

幼いころの祈りについて言うと、いつか夜に雷雨があったとき、私はとても怖くて無事であるようにと祈った。しかし危険が去ったらもう祈らなくなった。それから一年くらいして、祈りが必要になるもっと深刻な事件が起こった。私がまた学校と店の勤めと両方の生活を始める前のことで、我が家の末っ子である弟が生まれたときのことである。

母の病気

末っ子の出産後、母はロックランド郡の中で名医とされる「ハズブロック老先生」(先生の親戚のもう一人のハズブロック先生と区別するためこう呼ばれている）からも見放されるような状態に陥った。父は気の毒なことに悲しみのあまり動転し、夜中に私を起こして「町へ行って親戚を呼び集め、葬式用の棺《ひつぎ》を用意して来なさい」と涙ながらに命じた。これほど悲しい使いの旅はなかった。

ただ一つの慰めは、幼いころ覚えさせられた「詩編」第二三編(2)と、聖書による母自身の宣言の言葉「死ぬことなく、生き長らえて　主の御業を語り伝えよう。」（「詩編」一一八編一七節）であった。

母はかつて、「父に会った夢を見たとき、父がそう言った」というようなことを言っていたのだ。恐れに押しつぶされそうになりながらもかすかな希望をもって、私はスプリング・バレー駅までの二、三マイルの道を歩き出した。真っ暗な夜空のもと、広い野原を横切り、森を通り抜け、ようやく街道に出ると、悲嘆のあげく睡魔に襲われ、よろめいたり道をはずれかけたりして、はっと目覚めるという状態が続いた。駅に着いたときには空が白み始めていた。私はまた母の命を助けてくださいと必死に祈り、電車に乗って町に着いた。

初めて祈りが応えられる

このとき私は、初めて祈りが応えられたという強烈な励ましを受けた。悲しい使いの言葉を母の末の妹のジェーンおばに告げたとき、おばは力強くこう答えたのだ。

「お母さんは死にはしないよ！　そんなお母さんではないよ！」

絶対的な自信にあふれたその強い言葉は、私の心に驚くべき効果をもたらした。その晩家に帰ってみると、母は持ち直していたのだった。もっとも病気は長引いて、その後は四〇年も療養生活を送ることになったのだが。

こうして祈りの力を体得し、私は初めて家を離れて他人の中で生活することになった。ところが不思議なことに、愛情や信頼の面では両親のいる家庭には及ばないものの、そこも自分の本当の家庭であると感じられるようになったのである。

母の長姉であるエリザおばと夫のジョセフ・ウールおじは、八マイルほど離れたマウシーに住んでいた。ニューヨーク＆エリー鉄道の路線からピアモントに行く支線に入った次の駅である。模範的なクリスチャンで有能な神学者でもあるこのおばから、私は多くの宗教的な教えを受けた。それと同時に、おばが夫の信奉する民主党にどれほど忠実であり、強い愛国心を持っているかを知ったのである。

ジョセフおじはJ・E・ウール将軍のいとこで、その祖先は革命（アメリカ独立戦争）のときニューヨークで牢獄生活を送った。この家庭の中ではジョージ・ワシントンとかマリオン将軍など独立戦争の勇士たちに関わる歴史の話が普通に交わされ、トーマス・ボストンの『人間の本性の四つの状態』(3)やスコットランドの宗教指導者ラルフ＆エベネザー・

アースキン兄弟の生涯の話なども日常の話題だった。私は聖日にはよくこの鉄道を利用して、しっかり者のこのおばと数時間おしゃべりしたり、宗教講話を聞いたりするために出かけていったものだった。私はこの人の父親から名前をもらったのだが、誰よりも強く父の毅然とした資質と敬虔さを受け継いだのはこの女性であったように思われる。

雇い主テン・アイク氏

私の雇い主はJ・ウェスレー・テン・アイク氏だった。母親はメソジスト派の信奉者で、その教派の創立者の名前をとって息子にウェスレーと名づけたという。その弟にも同じ名前をつけたそうだ。私が若いころにメソジスト派の献身の精神と敬虔さに基づく暖かい心を学んだのは、この母親と息子たちからと思われる。

上品でやさしいサラ・コー・テン・アイク夫人には、リビーという小さな娘がいた。夫人の父親のJ・R・コー氏は、私もよく知っている人で、息子のサムエルとチャールズは学友だった。弟のチャールズは店に来て私と一緒に何週間か仕事をしたが、体が弱かったので病気になり、イングリッシュ・チャーチと呼ばれた町の自宅で死んでしまった。イングリッシュ・チャーチといっても長老派教会のことで、そのころ説教がオランダ語ではなく、英語で行われていたためそう呼ばれていたのである。三〇年ほど前のウェスト・ヘンプステッドやそのあたりの地域のオランダ改革派教会も、みな同じ状況だった。

この若い友人の死によって私の心は悲しみに沈み、命のはかなさを教えられた。しかし計り知れない神の計画の中にはさらなる衝撃が用意されていたのである。これこそ若い私の魂にとって、この世で最愛の命といえる者の喪失であった。いったい何か？　それは私の魂の偶像、雇い主夫妻のたった一人の娘、愛するリビーの死であった。私はリビーをこの上なく愛し、仕事が暇なときはいつも腕に抱いていた。私の愛情はすべて、小さな人形のように愛らしいその女の子に注がれてしまったようだった。

リビーが病んだのはほんの一、二週間だった。母の命を救ってくださいと祈ったとき、その祈りが聞き届けられたように思えたし、また祈りを聞いてくださるとの約束を聞いたような気がしたので、私は何度も彼女のため、その母親のため、また自分のため、熱心に真剣に祈った。昼間は屋外に出て、箱などを保管する倉庫で祈った。

しかし病は重くなり、一八四九年五月二十三日の夜おそく、ついにリビーは死の手にゆだねられてしまった。この世はなんと暗くなったことか！　若い母の心はどれほどの打撃を受けただろう！　私の心もまるで空になった！　私は本気で死にたいと思った。生きている意味がなくなってしまったのだ。するとその母は泣きながら私のところに来て、声を絞り出すように言った。

「ジェームズ、あなたは行かないわね、私たちのところにいてくれるわよね？」

「ええ、ここに残りますとも」

と私は言った。たとえそう思わなかったとしても、ほかにどう答えられただろう。もっともおじは、私のこの店との契約期間がもうすぐ終わるので、そうしたら自分の店に来てほしいと言っていたのだったが。

この決心は、私の将来にとって、非常に大きな意味を持つことになった。もしこの小さな子が死ななかったら、私はこの家に留まることはなく、信仰に目覚めることもなかったかもしれない。五月二十三日は、私にとって当然聖なる日となったのだが、一五年後のこの日には次女のアンナ・ヘップバーンが生まれるという記念すべき日となった。

信仰に目覚める

神の大いなる摂理がいよいよ私たちに顕されるときがきた。主人夫妻は日曜日にはいつも一頭立て二輪馬車で奥さんの実家に行くことになっていたが、時にはロックランド郡の別の地域にある主人の母親の教会に行くこともあった。

私はしばしばニュージャージー州ラマップスに出かけ、後にマワーと呼ばれるアレン牧師の礼拝に出席していた。ウェスト・ヘンプステッドの教会と半々くらいだったろうか。ここでは説教から得るところはあまりなかったが、いつも祈りには期待を寄せていた。もっとも、祈りのあいだ頭を下げているのは少々苦痛ではあったけれど。

店では郵便局もやっていたので、『アメリカン・メッセンジャー』とか『クリスチャン・インテリジェンサー』など、局に置いてある宗教新聞を見ることができた。そのどちらだったか、多分トラクト協会の出先機関だから『アメリカン・メッセンジャー』だったと思うが、その中にレイ・スターの「未信者への呼びかけ」という見出しが目にとまった。それは、真剣な「回心[4]」の話を読んで信仰に導かれた一家族の話だった。私はこの回心という言葉に戸惑った。回心とはいったいどういう意味だろう。そんな言葉は聞いたこともなかったが、少なくとも私は注意をひかれたのである。

サムエル・スカッダーの死

そのときだったか、しばらく後だったか、確かめるすべもないが、『インテリジェンサー』の別の見出しが目に入った。それはニュージャージー州のニューブランズウィック神学校のサムエル・スカッダーという若い神学生の死亡記事だった。彼はかつてインドに派遣された引退宣教師G・ジョン・スカッダー師[5]の八人の息子の一人で、兄たちと同様宣教師になることを期待されていた。その命が絶たれたのである。伝記作者は言う。

「彼の使命を引き受けるのは誰か？」

「主よ、私が！」

とっさに私は答えた。その使命の重さや先行きどうなるかを考える間もなく、言葉が口をついたのだった。

聖書を読む

「読む」ことに関して、私の回心にもう一つ重要な意味を持ったのは、生まれて初めて毎日続けて聖書を読み、全体を読み通したことだった。平日は三章ずつ、日曜日は五章ずつ読んで、一年で聖書を読み終わるという計画に従ったのである。そこで私は全体を三つあるいは四つに分け、長大な「創世記」から始めて、「ヨブ記」、「マタイによる福音書」とかなり忠実に計画通り進めていった。「詩編」は別にして日曜日のおまけに二編、いや五二回の聖日で一五〇編を読み終わるためには、三編ずつ読む必要があった。聖日には店のすぐ近くから突然そびえたつ山――当時その付近に大きな建物は一つしかなかった――の中腹のグレイト・ロックスと呼ばれる岩場まで登り、神の聖なる言葉を読んで過ごした。

このようにして、主はそれまで私を導いてくださった。そして間もなく主は私に真の条件を示し、その後に、全能なる救い主であり友である主ご自身の姿を示してくださることになったのである。

『バクスターの呼びかけ』

あるとき家に帰ると、妹のマーガレットの机の上に、『バクスターの呼びかけ』(6)という本が載っているのをみつけた。それは祖父のかつての召使だったロビン・アームストロングからマーガレットに贈られたものだった。回心とは何かを学ぼうと、私はその宝物をそっと懐にしのばせた。するとそのとたん、不思議な魔法のような力が伝わってきて、この本は私のために書かれていると感じたのだった。そこには「エゼキエル書」三三章一一節の驚くべき言葉があった――

「彼らに言いなさい。わたしは生きている、と主なる神は言われる。わたしは悪人が死ぬのを喜ばない。むしろ、悪人がその道から立ち帰って生きることを喜ぶ。立ち帰れ、立ち帰れ、お前たちの悪しき道から。イスラエルの家よ、どうしてお前たちは死んでよいだろうか。」

これこそ私の心境にぴったりあったものだった。死ぬためにはどんな準備が必要かということなど私は何も知らずに、ただ死にたいと思ったのだ。それはすぐ私に示された。この巧みな魂の医者は、序文の中で、この本を読んでも教訓を得られない種類の人間がいることを指摘していた。その一つは、もうすでに回心していると思っている人である。これは私のことではないと思った。生まれ変わることが必要であるなど、聞いたことがなかったからだ。私は眠りから覚めたばかりの人間、あるいは初めて視野が開かれた盲人のような気分だった。私は自問した。「そんなことが可能なのだろうか、今まで知らなかったし、聞いたこともないぞ」

さらに読み進むうちに、罪の自覚が心をしめつけてきた。罪とは何か？　パウロは言う。「もし掟が（隣人のものを）欲してはならないと言わなかったら、私は罪を知らなかっただろう」と。すると私はこう言えるのではないか。もし掟が「盗んではいけない」と言わなかったら、私は罪を知らなかったと！　それが罪なのだ。

その罪の自覚が、魂に鋭く打ち込まれた。疑いもなく、私は罪を犯していた。私は法の下に引き出された。もしこれまでに死んでいたら、地獄の責苦を受けているにちがいない。いま死んでいないのは、なんとありがたいことか！　この恐ろしい難題を前にして、私は何をするべきか？　するとそのとき、私の魂の中から呼びかける声が響いてきた。

「疲れた者、重荷を負う者は、だれでもわたしのもとに来なさい。休ませてあげよう。」

これはどこから来たのか？　聖書の言葉か？　答えは直ちに得られた。「『マタイによる福音書』一一章二八節だ！」心に深く刻まれていた聖句である。もしみつからなかったらどうしよう、と私は震えながら聖書を手にとった。たしかにあった。そして喜ばしい約束と教えが、続く二九節に書かれていた。「わたしは柔和で謙遜な者だから、わたしの軛《くびき》を負い、わたしに学びなさい。そうすれば、あなたがたは安らぎを得られる。」

もしあの聖句がそのとき初めて聞いたものであったら、あるいは天そのものから直接語りかけてきたものであったら、それが私のための主ご自身の言葉であるとそれほど強く確信することはなかったであろう。とはいうものの、それは苦難を解決する助けになるどころか、欲求はさらに強くなり、苦しみは増すばかりだった。

それから三ヵ月ものあいだ、約束された平安は得られないまま、こうした魂の苦闘の日々が続いたように思われる。

私は「魂の父」の教えに従って、『バクスターの呼びかけ』の祈りの部分を読み終え、後半の特別な教訓を精読していた。そんなある聖日の午後、ウールおじを訪ねた帰り、ジョン・バニヤンの描いた巡礼[7]のように、私は小さな本を手にもって読みながら歩いていた。すると鉄道のトラス型鉄橋（三角形を骨組みの単位として作られた鉄橋）の入り口にさしかかった。そこを渡るとき私は、「ここで落ちたらどうなる？」と自問した。「地獄行きだ！」反射的に返ってきた答えに私はおびえて滑り落ちそうになり、はずみで帽子が土手をころがって橋げたの近くで止まった。私は急いで帽子をつかまえ、橋げたの下の深い溝に落ちなかったのを神に感謝した。それから細心の注意を払いながら四つん這いになって鉄橋を越え、無事に渡れたことをふたたび感謝した。

しばらくして線路を横断する形に立つトールマン橋に着いた。線路はそこから切通しに入るので、私は線路を離れて田舎道を行くことになる。線路を後にする前に、私はもう一度主をみつける努力をするべきだと感じた。これが最後の努力となるつもりで。

もし今主が救ってくださらなければ、もはや望みはない。私はもう終わりだ、永遠に。「今か、終わりか」というバクスターの言葉は心に強く刻まれていた。また、「生ける神の手に落ちるのは恐ろしい。」それから「我らの神は焼き尽くす火」などなど。こうした言葉の数々は、私の心に焔の文字で焼き付けられていた。

絶望にも近い苦悩をかかえて私は橋の下に立ち、祈り始めた。と、祈りが口をつくと同時に、喜びと赦しの感覚が私の魂の中に広がってきた。許されない罪の重荷、私を押しつぶし、地獄まで引きずり落としそうだった重荷が、突如転がり落ちたのだ。私はもはや祈ることができず、恍惚として叫んだ。

「主を見つけた、主を見つけたぞ！」

少し間をおいて、これはどういうことだろう、と問い直した。私は危険な思い違いと幻想にとらわれているのではないか？　そこでもう一度祈ることに決めた。兄弟姉妹のため、親戚の者たちすべてのために。長い祈りになった。あとで気がつくと、自分のためには何一つ祈っていなかった。これはどういうことだ？　自分のことは何も？　そこで私は大きな安らぎを覚えた。これこそほんとうに「回心」した証拠であると。私は自分というものから離れ、他人のために祈る時間と心の余裕を持つことができたのである。まさにここで、これ以後、神への愛と人びとへの奉仕を目指す私の本当の人生が始まったのである。

さて時は過ぎて雨降りの今日、二つの記念日を迎えたことを神に感謝しながら、そもそもの最初の時に戻ってみよう。

記念日の一つは、二七年前の一八七二年三月十日、日本における最初の教会の組織が出来上がった日のことである。

もう一つは、一年前の今日の正午、敬愛するギド・F・フルベッキ博士の突然の召天(8)である。博士は食事の席についていたとき、眠るように天に召されたのだった。天国で過ごした一年のあいだに、博士は神の深い御心をどれほど悟られたであろうか。それは地上における六七年間の生涯に値するほど尊いものであるに違いない。

二章　注

(1) オランダ教会　米国のオランダ改革派教会（Reformed Protestant Dutch Church 一八六七年に Reformed Church in America アメリカ改革派教会と改称）の略称。アメリカに移民したオランダ改革派の信徒によって設立された団体。

(2)「詩編」二三編。「主は羊飼い、わたしには何も欠けることがない」に始まる有名な章。

(3) 原題は"Human Nature In Its Fourfold State" 天国を見ようと思う者が知らなければならない四つのことについて説く。この書は長らくカルヴィン派神学の標準解説書とされた。

(4) 回心。原語は'conversion'信仰への目覚め、または（特にキリスト教への）改宗をいう。なお'the unconverted'で未信者の意味になる。

(5) ジョン・スカッダー（一七九三—一八五五）。ニュージャージー州出身、インドへの最初の医療宣教師。一八一九年、最初インド亜大陸南東岸の島セイロンに行き、アジア初の医療宣教の拠点を置いて大病院を建て、医師として働く。一八三六年インド南部の都市マドラスに行き、タミール語で聖書や宗教パンフレットを出版。彼は最初アメリカン・ボードから派遣されたが、のちにオランダ改革派の所属となった。スカッダー家はその後も五世代にわたって主にインドで医療と宣教に従事してきた。

（6）『バクスターの呼びかけ』。原題は“Call to the Unconverted to Turn and Live”（回心して生きよとの未信者への呼びかけ）。著者リチャード・バクスターは一七世紀の英国ピューリタンの教会の指導者。詩人、讃美歌作者、神学者でもある。

（7）ジョン・バニヤン（一六二八―一六八八）。イギリスの伝道者・作家。「巡礼」は、代表作である“The Pilgrim's Progress”（『天路歴程』）の主人公。この作品は、聖書を除いては世界中でいちばん多く読まれているともいわれる。

（8）フルベッキの葬儀は一八九八年三月十二日に営まれ、青山の墓地に葬られた。バラは急逝を悼んで弔辞を述べた。

三章　召命

一八九九年三月十一日

自分の個人的な経験から証明されたこととして、幼児洗礼の効用についてひと言つけ加えておきたい。深く罪を認めて限りない過ちと罰を意識したときのこと、信仰の深い両親が洗礼によって私を神に捧げていたという事実は、神が聖なる契約を尊重してくださるだろうとの望みを支える根拠となった。それは主が、主の民に神との契約を切に願って「おお、イスラエルの家よ」と懇願されたときの心情に、いっそう大きな意味を与えるのだ。

キリストの神性について

ここで当時悩まされた問題も記録しておかなければならない。主の神性に対する疑いで、それは私が偶像崇拝を恐れたからだけではなく、サタン自身に突きつけられた質問でもあった。最初私は、祈りの中で直接主イエスに呼びかけることを恐れた。神ではなく、人間に対して祈るというような、冒瀆的な行為にならないかと思ったのである。

しかしイエスの洗礼のときに父なる神が示された証、およびイエス自身の多くの奇跡や復活の証により、それが神自身の証であることは間違いないことがわかったのだ。たとえ主イエスが神性を持たないとしても、私が主を崇めたのは私自身の過ちではない。父なる神がそう保証されたのである。

そうして私は自信をもって、直接主イエスに祈るようになった。主が命じ、ご自身の親切な招きの言葉によってそうせよと言われたのだ。その招きに従ったら、その言葉が真実であることがわかったのだ。主は私の罪を許し、魂に安らぎを与えてくださったのである。

さて、また私の物語の続きを始めよう。信仰に目覚めてから最初に経験したことの一つは、「ハッピー・デイ」のような讃美歌を歌うこと、しかも繰り返して歌うことがとても楽しくなったことだった。現在の讃美歌の本に載っているような楽しいコーラスなど、当時はまだなかったから。魂の経験の声はさらに続く。「主は歌うこと、祈ることを教えてくださった。そして、日々喜びをもって生きることを」

シティ（ニューヨーク市）にはコレラがはやっていたので、その年は町へは行かなかったし、行きたいとも思わなかった。両親が私に仕事場を自由に選ばせているといって、おじが不愉快な顔をしていたからである。母としては、息子は仕事をしなければならないのだから、仕事場は自由に選ばせてやろうと思っていたのだ。

ビジネスの体験

雇い主の仕事柄、私はさまざまな種類の人と交わるようになり、人との付き合いに自信を深めると同時に、人間の性格や行動の流儀がよくわかるようになった。店は地域のよろず屋といったところで、布地、穀類、食品雑貨、金物、菓子、葉巻、タバコ、びん詰めのソーダ水、エール（ビールなどの軽い麦芽醸造酒）その他を販売し、郵便局もやっていた。酒樽三〇本分ほどのエールは小さな酒場で小売りされたり、ラマポ川の岸辺のピアソンズと呼ばれるイギリスのヤスリ（鑢）職人の営業所で働く人たちに、ジョッキに入れて提供されたりした。私がいたときそこにはヤスリ工場のほかに鉄を生産する大規模な鍛冶場が建設され、四〇家族ほどのイギリス人のヤスリ職人が入居してきた。それらの鍛冶場で使う燃料は大部分が木炭で、その木炭を供給するために山には大勢の炭焼き工や、焼いた炭を運ぶ馬車を走らせる御者たちが住んでいた。働いているのは大体が貧しい白人か黒人、およびその混血だった。

毎週土曜日は一週間分の必要品の買い出しで「山の盛り場」である店がにぎわう日となっていた。買う品物はみな同じようなもので、砂糖三ポンド半か七ポンド（等級はいろいろ）、棒状の石鹸、ロウソク半ポンドか一ポンド、お茶四分の一か八分の一ポンドなどである。私は注文を受けたらすぐ渡せるように、これらの分量を計って揃えておかなければならなかった。さらに小麦粉一四ポンドか二八ポンド、塩漬けの豚肉七ポンドか八ポンド、塩漬けのサバや干しタラ二ポンドか三ポンド、など注文に応じて計らなければならない。タバコやジョッキのビールはすぐ売り切れになった。

時には女性客が、少量のキャンデーやリボン、木綿の布、ブルージーンズ、それに南京キャラコなどをヤール単位で買っていった。男性客がよく買うのは、斧《おの》や鋤《すき》、釘《くぎ》、鋏《はさみ》などだった。

イギリス人は注文票だけ置いていく人が多く、週のはじめに私が品物をそろえて馬車で自宅まで届けた。私は御者としては勇敢なほうではないので、主人の荒くれ馬を乗りこなすのは難しく、道路の端を通るときはいつもひやひやだった。一度だけ道を踏み外したことがあったが、ありがたいことに被害は少なく、荷車に少しキズがついて、ビールのジョッキがいくつかこわれた程度ですんだ。私は命が無事だったことを感謝した。

こうした仕事によって私は人びとの心や習慣をいろいろ知ることができただけでなく、人の顔と名前を覚えることもできるようになり、後にたいへん役に立った。はじめのうち黒人や混血の人たちはみな同じように見えたのだが、大いに努力をした結果、男性も女性も一人ひとり見分けられるようになり、ついにはそれぞれの人の特徴をしっかり記憶に刻むことができた。だから今でもその人たちの顔と名前を思い出すことができる。

そうした人の中には、実に威厳のある顔つきをした種族の人たちがいて、私はかつてアメリカ先住民について読んだことを思い出した。グランド・エリアス・ドウク、エリアス・ド・フリース、ビル・ド・フリース、ド・グルーツ一家などなど。

この地域の貧しい白人というのはコークリン族などであり、実際にひどく悪習にそまっている人たちが多い。大体が文明から遠く離れた山の中の「パイン・メドウ」と呼ばれる湿地地帯に住んでいる。

私は神学校の学生のころ、二度の夏休みにこうした山の中へ聖書を販売するために出かけていった。最初の夏は一人で、二度目の夏は仲間と一緒だったが、別々に拠点をおいて、一日で歩ける範囲の行商をした。その地方の農民や専門職の人びとには、年配で悪影響を及ぼすような人たちがたくさんいた。クリスチャンと思われる立派な婦人で、アヘンやアヘンチンキなどの取引に広く関わっている人もあった。また喫煙の習慣のある若い弁護士が、日曜日に葉巻を熱心に売ろうとするので、私はそれをさけるために拠点を移し、山に入って本を読んだり祈ったりして過ごしたものだった。

コンデンスミルクを発明したゲイル・ボーデン(1)もそのあたりに住んでいた。彼はちょうどそのころ、この地球上の、もっとも辺鄙な場所に住む人類に大きな恩恵をもたらすことになる実験をしていたのである。

雇い主が変る

私のための神様の計画が、またここでよい方向に変えられることになった。特に意識はしなかったものの、願っていたことだった。雇い主夫妻が、多分娘を失った悲しみにくれる奥さんの発案で、それまでの店を処分してそこより数キロ内陸に入った場所にレンガ工場を作ることにしたのである。新しい経営者にとって、私は重要な人材だった。彼はその地域の事情に明るいとはいってもシティから来た人間であり、私が顧客情報を持っていたからである。

前の雇い主は、ニューヨークに通じるエリー鉄道のパターソン支線が開通したとき、（支線といってもいまでは主要線になっているが）駅に隣接してストアーとは独立した牡《か》蠣《き》料理店を開いていた。これは電車の乗り継ぎを待つ旅行者にとても便利な施設となり、おおむね雇い主が自ら接待をしていた。

アルコール飲料を売ること

前の店にいたときにも、好ましくない作業はあった。それは空になったブランデーやウィスキーのデミジョン（一～一〇ガロン入りの細首の大びん）を、毎週シティに持っていって詰めてもらうことだった。主人は同じものを注文することはなく、そこには自分の誓約にそむかないものだけが入っているとは思えなかったので。実際に私は、何が売られているか知らなかったし、ためしに飲んだこともない。注文に従うだけだったのだ。

もっとも、たった一度、誰かのいたずらで一口だけ口に含んだことがあった。サルサパリラ飲料（ソーダ水）のびんにエールを入れて、誰かがソーダ水の置いてある棚の上に置いたのだ。主人か私がいずれ飲むだろうと思ってやったことだった。私はこれを飲もうとしてすぐ異変に気づき、吐き出したのだった。

　さて、新しい会社では酒樽やおつまみ類、葉巻など、必要なものが運び込まれて準備が整い、私は新しい店主に、酒場に入ってエールやリカー（ウィスキーなどの強い蒸留酒）を売るよう命じられた。私が「それはできません」と丁重に断ると、「テン・アイク氏のところではやっていたではないか」と言われたので、私は売ったのはエールだけで、もっと強い酒を売ったことはない、だから引き受けられないと言った。

　それからすぐ私は前の雇い主に会い、この仕事をやめようと思うと話した。彼は「それがいい。クロプシーという私の昔の雇い主がヘイヴァーストロウにいるが、そこでもっといい仕事をみつけてあげられるだろう」と言ってくれ、すぐその約束は実現した。

ヘイヴァーストロウへ

　私は旧約聖書のヤコブのように、衣類をいれた小さな包みを持って初めての見知らぬ地に旅立ったときのことが忘れられない。あの日、行く手にトラスの丘の姿が現れ、そのふもとに(2)広がるヘイヴァーストロウの町が一望に収められたとき、私もヤコブがベテルで過ごした夜のことを思いながら道路の脇にひざまずき、ヤコブの神に、いやジェームズの神に、どうぞ友となってくださいと祈ったのだった。

ロックランド郡へイヴァーストロウでは、中心であるニューマン夫妻をはじめとして、二つの大きな店舗で働く大勢の店員たちに迎えられた。私は、仕立屋のダニエル・スプリングスティーンと、その兄弟である店員のトム・スプリングスティーンと一緒に、仕立屋を兼ねた日用品店で働くことになった。店の奥の二階では、信仰の篤《あつ》い仕立屋のブラント氏が仕事をしていた。彼とは宗教をテーマに、何時間もよく話をしたものだった。乾物店には、ニューマン氏のほかに、店員のアイザック・ド・ラズンとアルシビエド・コムリソンが働いていた。コムリソンは私のルームメイトだった。

クリスチャンでとても人柄のよいハリエットとロゼッタ・ブロンソン姉妹もジョン・ニューマンの家に下宿して婦人帽を作っていた。それからチャーリーとユージーンという二人の少年がいて、家庭らしい雰囲気作りに役立っていた。いまではユージーンと母親だけがまだここに住んでいる。この「家族」全体の思い出はとても懐かしい。他人の中における私の第二のホームである。

魂のふるさとセントラル長老教会とフリーマン牧師

しかし、何よりも重要なのは、そこで魂のふるさとをみつけたことである。それはセントラル長老教会であり、若いアマサ・S・フリーマン牧師だった。いまこうして思いを綴っているときにも、遠い私の書斎の壁から、輝くような笑顔が語りかけてくる。

先生に最初に会ったのは、愛するリビー・コー・テン・アイクの葬式のときだった。リビーの葬式は母親の実家に近いイングリッシュ・チャーチで行われ、フリーマン氏が司式を勤めたのである。氏はそんなにも若いときから、愛する者の喪失を弔うための儀式をまかされることがあったのだ。その声や動作はいつも厳粛なので、こうした儀式にはぴったりだった。

その時の聖句は、短いが意味の深いものだった。旧約聖書「コヘレトの言葉」三章二節の「生まれる時、死ぬ時」(3)である。話の内容は覚えていないが、聖句だけが説教者の哀愁にみちた声と共に記憶の銘板に刻まれている。私は喜びに満たされた。新しい絆が、いとしい故人とのあいだに結ばれ、さらに愛する救い主とのあいだにも結ばれるのを感じたのである。幼い者は何も知らずに、私を主のもとに導いてくれたのだ。彼女が生きたのは無駄ではなかった。

今度家に立ち寄ったら、ウェスト・ヘンプステッドの教会墓地に行って苔むした墓の傍らにひざまずき、愛しい人をこの世に送りまた召されたことを感謝し、また彼女によって私が神のもとに近づけたことを感謝しよう。「神はこれ以上ない最愛の魂をご自身の聖堂に持ち帰られた」。長く心に秘めてきた思いを詩的に表現すると、こんなことだろうか。

両親はニュージャージー州のテナフライに引越し

私がヘイヴァーストロウに移る少し前のこと、両親はそれまで住んでいたニューヨーク州のロックランド郡から、隣の州であるニュージャージー州のバーゲン郡テナフライに引っ越した。

スウィフト氏とマハン氏は、親切にも所有の財産のかなりの部分を分割して売ってくれたおかげで、父は家屋敷とその周囲数エーカーの土地を買うことができた。それゆえ資産はそっくり元の所有者から現在の持ち主に移っただけの状態である。その間に近辺の状況はかなり良くなっていて、健康にも精神生活にも申し分のない、まさに神ご自身が用意してくださった故郷となった。

私はまだそのままヘイヴァーストロウに住んでいたので、仕事場に近い鉄道のブランヴァート駅かその近辺からニュージャージーの自宅まで、長い徒歩旅行をするが楽しみの一つとなった。

道路は、美しいレンガ造りの教会の脇からタッパンの町を貫いて、クロスターを通り、シュラーレンバーグ即ちノース・チャーチまで通じていた。まだサファーンにいたころ、このノース・チャーチにはちょうど朝の礼拝が始まる前に着くことがあった。牧師はいかにも聖人という感じの福音主義のコーネリアス・ブランヴェルト師だった。ニュージャージーの幌馬車の一団が教会近くの道路脇に列をなし、均整のとれた細い尖塔が天を指す会堂の中は、裕福そうな会衆で埋まっていたものだった。

ヘイヴァーストロウからの旅は、まずニューヨークまで船で行き、船を乗り換えてフォート・リーか、あるいは最初にヨンカーズの対岸に着くハイラーズ埠頭まで行く。そこからハイラーズの所有地を通って隣接する「ジェイ・プレイス」と呼ばれるテナフライのわが家に着く。

このように自宅への往復にはシティを通っていたので、時にはナッソー・ストリートの一八番にあるアメリカトラクト協会の出張所を訪れ、宗教関係の本やパンフレットを探すようになった。そこで買った本には、ウィルバーフォースの『プラクティカル・ヴュー(Practical View)』やレイ・リッチモンドの『アナルズ・オブ・ザ・プアー(Annals of the Poor)』(4)などがある。特に『アナルズ・オブ・ザ・プアー』の美しい神聖な印象が強く心に残った。魅力のある風景描写、本来の素朴で美しく敬虔な生活習慣は想像するだけで楽しく、心を清めてくれる。

スカッダー博士の「失われる収穫」
ある日ここで「刈り手が足りずに失われる収穫(The Harvest, Perishing for Lack of Reapers)」という題名のパンフレットが目に留まった。著者はインドのジョン・スカッダー博士で、以前亡くなったと聞いたサムエル・スカッダーの父親にちがいないと思ったのだ。私はそれを買い、家に持ち帰って急いで読んだ。それから仕立屋の友人アブラム・ブラントにも読んで聞かせた。

それでも私の心は捕えられたままで、私はついに家を出て倉庫に積まれた箱の前にひざまずき、神の前にひれ伏して、主のために異教の地で働くことを誓った。その準備のために何が必要かなど何も考えず、ただ単純に義務として召命に反応したのだった。

「主よ、ここにおります。どうぞ私を遣わしてください！」

牧師になることを決意

この厳粛な服従と決意を忘れないように、私はそのパンフレットの表紙に書きとめ、日付を入れて署名した。それが実現する道が開かれたのは、それから間もなくのことだった。

職務にはいつも情熱をもって熱心にあたっているフリーマン牧師は、あるときビドウェル[5]の宣教地図を買ったことを会衆に伝え、毎月教会で行われる祈りとコンサートによる宣教の夕べに、その講義をしようと言った。

その最初の夕べのときである。私はそれまで牧師にも、教会の誰にも、自分の精神生活や人生設計について話したことはなかった。たびたび訪れるコミュニオン・シーズンには、いつも信仰を告白したいという思いに強くかられ、「私は魂の、目に見えない会員であります」と祈るのが常であった。その祈りが目に見える形で答えられたのである。

その地図が展示される晩、私は早くから講義室に出向き、椅子に上ってインド南部のミッション・ステーションを夢中で調べていた。そうするうち牧師が部屋に入ってきたので、私は椅子から降りた。すると牧師は私の肩をたたいて、「礼拝が終わったら会いたい」と声をかけた。

講義が終わって会衆がみな帰ると、彼はこう言った。

「これまで長く日曜学校や教会の礼拝であなたのことを見てきて、宗教に関心があるのではないかと思っていたのですよ」。そして「個人の救いという問題をどう考えますか」とたずねた。

私は「信仰に導かれました」と答えた。それからテン・アイク夫妻の小さな娘の死と、牧師の司式による葬式の話のことなど、それまでのいきさつを話した。

すると牧師は「そのとき私の話したことが、何かきっかけになったのですか」とたずねたので、私は「そうは思いません。ただ『バクスターの呼びかけ』を読んで神の祝福を受けたこと、それから聖書を読んだことだと思います」と答えた。そして、異教徒の地に行く宣教師になる決心をしたことを話した。

牧師は非常に驚いて、「それではその決心や、大きな変化をもたらした経験について、両親やほかの人に話したのですか」と聞いた。私は「いいえ、自分でもなにか怖くてためらいがあり、まだ話していません」と答えた。

彼は、「それはよくない。ご両親はそれを知ったら大いに喜んでくれるかもしれないし、あなたも自信が得られるでしょうから」と言って、さらに、「この教会に加わって、人びとの前で信仰を告白したいと思いませんか」と聞いた。

「私は前からそう望んでいるのですが、両親は改革派教会に属しているので、私が新派の長老教会に所属することには賛成しないと思われます。私は、先生もここの教会員の人たちも尊敬しているのですが」と私は言った。

するとと牧師は、「まず両親の同意を得るように」と言ったので、私は「その通りにします」と約束した。

それから間もなく私はその相談のために家に帰ったが、いざとなるとなかなか切り出せなかった。

ようやく日曜日の夜おそく、家族がみな引き上げて母だけになったとき、私はヘイヴァーストロウの牧師との約束や宣教師になりたいという望みを話した。いま思い出してみても、そのとき母は返事をせず、何も言わなかったように思う。

しかし翌日の朝、仕事に戻るため出かけようとすると、母は私を送って野原の道を歩き、いざ別れようというとき「賛成しましょう」と言ってこう続けた。

「私は若いころ、お父さんの許可を受けてトーマス・マコーレー先生の教会にいたんですよ」。マコーレー師というのは、たしかオランダ改革派集合教会の牧師だった。そのとき私が、父も母もシュラーレンバーグのオランダ改革派教会の会員になっていたことを知っていたら、気持ちがずっと楽だっただろうと思う。

母は、宣教師になりたいという計画については何も言わなかった。もしかすると母は、感謝のあまり言葉が出なかったのではないだろうか。母が最後の病に倒れる前に聞いたことから、私は幼いときから神のご用のために捧げられていたと認識している。インドに行ったミス・ホチキスとの約束を果たすためである。

こうしたことは、後にミス・ホチキスによって改宗したというあるインド人の話で明らかになった。この人は、ニュージャージー州北東部の町エングルウッドで講演したとき、説教者にミス・ホチキスによって導かれたことを紹介された後、講演の中で、友人であるバラ夫人の三人の子どもはすでに外国で宣教していると語ったのである。

セントラル長老教会に受け入れられる

母の同意と祝福を受け、私は大喜びでヘイヴァーストロウの牧師のもとに戻った。そして予期していたように長老会で試問を受け、すぐに活動的な教会員で日曜学校教師のミス・ブロンソンによって日曜学校に紹介された。私の先生は聖歌隊員で、模範的な人だった。名前はすぐには出てこないが、記憶ちがいでなければまだご存命である。

牧師から受けた質問もまだいくつか覚えている。牧師は教会の監督を勤めてもう五八年になる。そのときの質問とは、「ユダは最後の晩餐にいたか?」とか、「主の晩餐を守ることについて」など。牧師のテキストや説教にも大いに注意をひかれた。その多くを今日でも思い出すことができる。

牧師の感謝祭の説教「主が与えてくださった良い土地」(6)(旧約聖書「申命記」)は、目に見えるような描写がすばらしくてすっかり心をひかれたので、私は家に帰る道で思い出すままに書き留めた。このとき、私が生涯大事にした習慣、つまり興味をひかれた説教や挨拶、演説など、記憶をたどりながらくわしく記録する習慣が始まったのだ。そのおかげで、難しすぎず、容易に理解できる内容のものであれば、どんな説教も挨拶も、そっくり再現できるようになったのである。

テナフライのわが家

ここで新しい故郷となったニュージャージー州バーゲン郡テナフライのわが家について述べよう。ここはウェスト・ヘンプステッドの南二〇マイルほどのところにある。農場は五〇〇エーカーという大規模なものだが、半分ほどは切り開かれているものの、開墾されているのはほんの一部にすぎなかった。西側の二マイルほどは森林で、ハドソン川沿いのパリセーズと呼ばれる絶壁まで達し、さらに下ってハドソン川の堤防にまで及ぶ。

この土地はミセス・メアリー・オーキルのものであった。彼女の父ジェームズ・ジェイ卿は愛国者のJ・ジェイの兄弟で、ジョージ三世の悪政をつぐなってその領民の世話をするために爵位を授けられ、ニュージャージー州に一〇〇〇エーカーの土地を与えられた。ジェームズ卿は王党員で奴隷所有者であり、邸宅前の柳の並木に奴隷を鎖でつないでいたという厳しい仕打ちの話が、子孫によって今日でも語られている。ミセス・オーキルの兄弟もその領地の半分を相続したが、すぐに小さく分割し、くじ引きで処分したと言われている。ミセス・オーキルの夫は夫人にふさわしくない人物だったため離別させられた。そのため夫人は一人で娘二人を教育した。娘たちは後にミセス・スウィフト、ミセス・マハンとなる。後者のミセス・マハンは、合衆国海軍のアサ・マハン司令官の母であると思う。

ミセス・オーキルはニューヨーク八番ストリートに有名な寄宿学校を経営しており、ニューヨークの多くの上流階級の娘たちを集めた。その親や娘たちの中には、私の両親やその子どもたちのよい友人だった人も多いと思う。彼女たちはプロテスタントの監督教会のよき会員であり、キリストと共に寝食を共にしたのである。

この引っ越しに際しての神の導きについては、後に述べることにするが、ひと言でいうと、その移転によってすぐれた地域住民の中に家族の居場所が定まり、家族の大部分がオランダ改革派教会に属すことができたのである。そして家庭を持ち、子どもを教育した。成長した子どもたちはやがて南へ、西へ、また極東へと移動し、自分たちのために、また家庭に残してきた者たちのために、働いているのである。

一八五一年の二月、私はこの教会に受け入れられて正式に会員となった。そのとき一緒に三人の既婚婦人も加わった。友人である仕立屋の夫人ミセス・アブラム・ブランヴェルト、ミセス・ジョージ・アリソン、ミセス・ジャッジ・パイ（後に南北戦争のパイ連隊長夫人）である。私は「決して破ることも忘れることもできない契約」を結んで交わりの中に受け入れられた。実に厳粛な瞬間だった。

重い病から回復してはじめて出席した年配の人が、私を歓迎して言葉をかけてくれた。「私のように重病の床につくようになったとき、あなたは今日なさったことの大切さがよくわかるでしょう」

そのほかに歓迎してくれたのは、ジョニー・ド・バウンおじと、もう一人はトミー・モースおじの息子だった。モースおじは改革派教会の会員で、シュラーレンバーグやテナフライの父の隣人の中でも特に信仰に生きた人であった。

三章　注

（1）ゲイル・ボーデン（一八〇一―一八七四）。アメリカの発明家。一八五一年にミート・ビスケット、一八五三年にコンデンスミルクを発明。一八五七年にニューヨーク・コンデンスミルク社（のちのボーデン社）を設立。

(2) 旧約聖書「創世記」二八章。「18ヤコブは次の朝早く起きて、枕にしていた石を取り、それを記念碑として立て、先端に油を注いで、19その場所をベテル（神の家）と名付けた。ちなみに、その町の名はかつてルズと呼ばれていた。」

(3) 旧約聖書「コヘレトの言葉」三章。「1何事にも時があり　天の下の出来事にはすべて定められた時がある。2生まれる時、死ぬ時　植える時、植えたものを抜く時……」

(4) レイ・リッチモンド（一七七二―一八二七）。英国の聖職者。『アナルズ・オブ・ザ・プアー』（貧者の年代記）は三編の福音主義の論文を集めたもの。一、酪農夫の娘　二、黒人の召使　三、若い小作人。

(5) ジョン・ビドウェル（一八一九―一九〇〇）。アメリカの西部開拓者。一八四一年、ミズーリ州からカリフォルニアに進んだ幌馬車隊に参加。フレモントとストックトンによるカリフォルニア征服に従う。のちに連邦下院議員。

(6) 旧約聖書「申命記」八章一〇節。「7あなたの神、主はあなたをよい土地に導き入れようとしておられる……10あなたは食べて満足し、良い土地を与えてくださったことを思って、あなたの神、主をたたえなさい。」

四章　将来に向かって

元の雇い主の訪問を受ける

宣教師になろうと決心したちょうどそのとき、その決意のほどを試されるようなことが起こった。サファーンからテン・アイク氏が訪ねてきて、また店で仕事をしないかと誘ったのだ。彼の提案は、私とパートナーとなって新しい店を開き、同時に数マイル先の鉄道駅にある古い店も経営しようというものだった。私が勤めていた最後の年は経営がうまくいっていたし、将来の見通しも明るいと言う。

私としてもお客さんの相手をして忙しく働くのは楽しく、店の経営も好きだった。しかしずっと前から一つの質問を突きつけられていたのである。「お金をかせいで一人か二人の宣教師を支えるよりも、自分で宣教師になったほうがよいのではないか」というものだ。でも私はすでに「金もうけは自分の仕事ではない。私自身が行くべきなのだ」と心を決めて答を出していた。

そこで私は自分の決意を語り、「一緒に仕事ができたらどんなにかうれしいのだが、もし始めると、宣教師になると決めたことが実現できなくなるだろう」と言った。そして

「どうすればいいと思う？」と彼の意見を求めた。

これはビジネスマンに対しては少々危険な相談だった。彼はビジネスに関しては非常に誠実だが、クリスチャンを公言しているわけではなく、求道の様子も見せていないのだ。でも私は彼の純粋な愛情を信じ、私のためを思ってくれることを確信して、ためらわず彼の決断を求めたのだ。そして失望を味わうこともなかった。彼は即座に答えたのである。

「わかった、ジェームズ。きみは宣教師になるべきだよ！」

私は心から感謝した。それからも私たちの友情は長いあいだ続き、お互いの幸せを確認しあってきた。彼が自分もキリストに救いを見出したと、喜びを手紙で知らせてくれたのは、それから間もなくだった。それで私は、事実上彼に相談したことで宣教師としての道を決めたことを思い出したのである。

彼はまた、自己犠牲の意味で、利益を求めないことにしたといった。そのために、かなり辛い思いをしたようである。それから七年か八年、私は自宅に帰る折に彼を訪ねていたが、生活状態はだんだん貧しくなるばかりだった。今はアズベリー・パークに住んで夏季の下宿屋を営み、卵やほんの日用品を売るだけの、まことにつましい誠実な仕事をしているのである。息子と娘がその後生まれていたが、どちらも働き盛りで死亡し、息子の子である孫は、祖父母のもとで暮らしている。

一八九五年に彼を最後に訪れて聖日を家族と一緒に過ごし、美しい教会の礼拝に出席したあと、ストライカー博士の講義を聞いたのはとてもすばらしい経験だった。

私の両親もすでになく、懐かしいフリーマン牧師をはじめ敬愛する先生方も世を去られたが、神の恩寵のもと、青年時代の最初の友人がまだ健在で、再会を喜びあうことができたのである。

ところで、大学に入る準備をするために店をやめて家に帰った話をする前に、ヘイヴァーストロウの思い出をまだいくつか記しておく必要がある。

そう、まず私は、宣教師になるためには牧師にならなければならないことに気がついたのだ。これは予期しないことだったが、親切な牧師はすぐにラテン語の文法書を私に与え、まず名詞の語形変化の授業をしてくれた。牧師は「あまり宣教師のための勉強のようには見えないだろうが、そのための最初の一歩だ」と言った。

勉強のための時間が足りないのは疑いもない事実で、私は店をやめなければと思った。幸い父の家族はみな成長し、それぞれ農場でかなりの生活ができるようになっていたので、私はもう支援の手を引くことができた。

十分の一を与える

それまで私の給料は、ほとんど家族を支えるために使われてきた。自分で使ったのはひと月に一ドルのみ。それと最後の一年に給料の十分の一をボストンのＡＢＣＦＭ（アメリカン・ボード）に規則的に寄付しただけである。このように稼ぎの十分の一を寄付することは、人生でもっとも本質的な喜びを与えてくれた。それはキリストとその大義に対する真の愛を試すために私に課せられた誠実な試練として感じられたのだ。直接個人としてキリストに、またその王国の拡大に貢献できない人は、その代りにこうした機会を利用して、自分にできることをして喜びを得ようではないか。

ヘイヴァーストロウにいたとき、若い仲間の何人かがその期間やその後に信仰を告白した。ルームメイトのアーチビアダ・コムリソンもその一人だったと思うが、その後会っていない。一番記憶に残るのはミセス・ウェストの息子のリヴァイである。あまり明朗といえる青年ではないが私は興味をもち、時々トム・マウンテンのふもとの森へ行って一緒に祈ったものだ。ある日仕事が忙しくて彼が行けなかったとき、私が彼の分もお祈りをしてきたことがあった。ところがあとになって、それが彼を怒らせたのではないか、と思うようになった。彼が祈るのをためらうように見えたからだ。しかしその後彼は信仰を告白し、それからはとても熱心で寛大な働き者のクリスチャンになった。

これまで長いことキリスト教文学を指導してくれた先生方、いつも変わらず人や仕事を寛大に支援してくれる人びと、私個人のためではなく、大きな意味で人道的な支援をしてくれるA・B・シンプソン・クリスチャン同盟[1]の方々の働きに感謝は尽きない。

フリーマン博士自身についていえば、師は友人になってくれただけでなく、私を好んで

「神の家の息子」と呼んで、私の兄弟や子どもたちの友となり、特に娘のアンナに対しては、自分の娘、あるいは孫娘のように接してくださった。フリーマン夫人と娘のミセス・レイノルズや、ミセス・ウェストとその娘などは、みな私の親戚同様である。主は豊かな恵みをもって彼らに安らぎを与えられた。また長年にわたり、実りある牧会を全うされたよき博士を失って悲しむ者たちを慰めてくださった。

教会自体も神の恵みにより、ふさわしく尊敬すべき後継者としてニューアーク（ニュージャージー州北東部の市）のボンソールという方を早くに得たことは、まことに喜ばしいことである。

初めて人前で祈る

ヘイヴァーストロウでの話を終える前に、初めて公の席で祈ったときのことを書いておかなければならない。それは教会の地下の部屋で行われる毎週の祈祷会のときだった。牧師は何の予告もなく、私に祈るよう指名した。私は立ち上がって祈った。しかし自分がどこにいるのか、何を言っているのか、ほとんどわからなかった。座ってすぐ意識したのは、「これでもう二度とお祈りせよとは言われないだろう」ということだった。

私は試問されて受け入れられてからも、前に進むのがためらわれて、信仰の告白と結びつけて話をするようなことはなかった。すると牧師は私のところへきて、

「前へ進むように」

と言った。それに答えて私はためらいながら、

「主の聖餐式のときにキリストの体を認識できないのではないかと恐れているのです」

と答えた。すると牧師は言った。

「その件で罪を恐れる理由はない。主の贖罪のための死を受け入れる信仰を告白したときに、あなたは主の体を認めたのです」

このように保証されて私は前に進んだが、恐れはまだ大きく、震えは止まらなかった。

償い

どの段階での経験になるのか明確ではないが、重要なことが起こった。私がヘイヴァーストロウにいたとき、いや、もっと早い時期でまだサファーンにいたときのことかもしれない。要するに、ニューヨークのドラッグストアで、フランス人の雇い主デラク氏から着服したお金を返済する話である。

私は「出エジプト記」二二章の「償いの金」[2]と呼ばれる返済の掟を読んだ。そこで自分の稼ぎから五ドルを貯蓄し、事情を説明する手紙を書いた。そこには、かつて私が主人の引き出しからそのくらいの金額の金を持ち出したこと、いまその額に十分な金を用意したので、どうか許していただきたいこと、なぜなら、今私は主の赦しを得た身であるから、

などを細々と書いた。そしてお金と手紙を持って、直接主人に渡しにいった。

　ところが主人に、私のことをどうしても思い出してもらえなかったので、引き下がるほかなかった。今だったらそのまま終わらせはしない。実際に、何年かしてまた会いに行ったのだが、悲しいことに彼はもうこの世の人ではなかった。しかも息子のために大きな損失を被っていたことを知ったのである。息子は父の慰めにはならなかったのだ。

　正直にいえば、かなりあとになってから同じような返済をしたことを述べなければならない。少なくとも孫たちに対して、警告になると思う。それは、金持ちでも貧乏でも、他人でも親戚でも、誰からも不当な利益を得てはならないということだ。

　最初にアメリカに帰ったときのことだった。ある日本人がドレス用のシルクの生地を二巻き、私の姉妹へのプレゼントと言って持ってきた。アメリカで何か便宜をはかってもらいたいからということだった。しかし彼はサンフランシスコに留まることになったので、私はそのシルクを、元の価格に重い関税を加えた値段で買い取った。結局それはニューヨークで買うのと同じくらい高いものになってしまった。

　ところで、ニューヨークのおじの娘であるいとこたちがそのシルクを欲しがったので、私は自分の負っていた義務を、品物を受け取った彼らに転嫁し、私の姉妹への義務を解放すればよいと考えた。私は正しいことをしたつもりだった。彼らも買う余裕があったのだし、アメリカには同じような品物があったとしてもたくさんはなかったから。

しかしこうしたごまかしの行為で私の良心はうずいた。でもそれを訂正する方法もないまま時が経ち、おじが死んだ。ちょうどそのころ家族で一番年下のいとこがスリにあい、四〇ドルかそこら盗まれた。そこで私に彼女の損失を救う機会が訪れたのである。こうして私は、不当な取引をした不誠実の重荷と良心の呵責から解放されたのだった。

このような例外的な事柄によってではあるが、私は他人の財産や出費によってえた利益を不正に流用することは、決してよくないと知ったのだ。神に栄光あれ！

タバコについて

以前書いたものを見直していたら、「自制の誓い」という見出しがみつかった。それで、今度はタバコについての経験を書こう。

ほんの六歳ごろのこと、私はウィリアムズバーグで店を営むおじのジェームズ・クレイグやアンドリュー・バラのもとで暮らしていた。近くには縄の製造所があって、夜になるとそこで働く若者や少年たちが大勢店に集まってきて、おしゃべりしたりタバコを吸ったりした。そのうちある者が、私にからかい半分で「タバコを吸ってみろ」と言ったので、私は「そんなことできないよ、したくもない」と言った。ところがおじたちは止めもせず、「そんなことをすると気持ちがわるくなるぞ」と注意しただけだった。

私はためしに吸ってみたが、別に気分がわるくなることもなかった。夜だったので、すぐ店から引き上げたものと思われる。分別ある大人が子どもにそんなことをさせて喜ぶなど、口にするのも恐ろしいが、神は憐み深くもそのような実験を再びさせるような誘惑から私を遠ざけてくださった。

たった一度、ブロードウェーを歩いていたときシナモンの香のする葉巻の匂いに誘われたことがある。その葉巻は、私が吸ってみようと思っていたものよりも、ずっとよいものに思えた。タバコはもう一度くらいはやってみたが、味も匂いもなじめずに放り出した。タバコの経験はこれで終わりである。よく言うことだが、この種の肉体の快楽にふけった費用は、せいぜい二セント止まりである。これは教会の先輩である妻のおじとよい対照をなしている。彼はその地域の中でも一番と言われる家を、タバコの煙でいぶし上げてしまったそうだ。

私はタバコの匂いが嫌いだったわけではない。店ではあらゆる種類のタバコを扱い、販売した。びんの栓の形をしたネイヴィ・プラグとか、ファインカットという極細の刻みタバコ、マニラ&ハバナ葉巻、ブライト・リボンその他である。しかし堕落させるものだという感覚があったので、欲望は起こらなかった。疑いもなく、信念をもって厳しく自制していた結果だったと思う。悪が悪を生むと同じく、徳は徳を強める。

ニュージャージーの住民となる

商店勤務をやめてヘイヴァーストロウからニュージャージー州の父の家に移ったことで、私は店の経営をするという少年時代の夢の最初の段階を終えたことになる。商いについてはシティで、田舎で、また村で、十分に体験した。ほとんどあらゆる種類の商売、すなわち店の経営を学んだのである。どの店もそれぞれ魅力があり、また似通ってもいた。おかげで、さまざまな国籍や人種や階級の人と交わりを持った。だが、お金持ちや立派な教育を受けた人や偉い人との交流はあまりなかった。そういう人たちにほとんど知り合いはいないが、貧しい人びとや労働階級の人びとには共感を持った。

ヘイヴァーストロウを去ることは、私の生まれ故郷である帝都州すなわちニューヨークから離れることでもあった。それ以来私は、権力や影響力は小さいが、より正直で道義にあつく、宗教や教育を重んじるニュージャージーの人間とみなされるようになった。さらにこの土地の人は、特に愛国心が強く、倹約で、保守的な性格が顕著である。

ここでは新しいタイプの影響力や新しい恵みが待っていた。私は商売を終え、新たに激しい情熱をもって農業の生活に飛び込んだ。植え付け、耕作、穴掘り、収穫などの作業によって、農民はおのずから根気強く、健康になっていく。大きな木を切ったり、固い木のコブを割ったりするのはいつも爽快だった。

教育はまず『ローマの人々』というラテン語の本を読むことから始まった。これはコルネリウス・ブランヴェルト師から渡されたもので、私の最初のラテン語の本である。師は私のために、以前歌手だったアイザック・デマレスト氏の家族から借りてくれたのだ。その本の表紙には「D・D・デマレスト」と書かれている。彼はのちに神学学校の名誉教授となり、教会の歴史学者となって、名前にD・D（神学博士）が加えられたのである。

毎週の祈祷会にも出席し、間もなく信者で心の温かいヘンリー・ウェスターヴェルト氏に心をひかれた。体験に基づく信仰が説教の中心になっていて、それが教会の経験豊かなクリスチャンや年配者を結びつける高尚な絆となっていた。

教会の年配の人たちは、レイ・リッチモンドの描く、イングランドのソールズベリー平野の羊飼いの絵を連想させ、古代の長老や聖人の姿が重なった。私はいつもその種の人びとに憧れを持っていた。それから、敬虔で心が温かく、生活態度は進歩的という女性たち。そんな人たちに私の心が捕らえられたのに不思議はない。おそらく私が心をひかれた良きものに、彼女たちもひかれていたのであろう。

間もなく敬愛するヘンリー・ウェスターヴェルト氏にこう言われた。

「この教会に加わりませんか。私たちはそれを望んでいます」

私は答えた。

「私はスコットランド長老教会に属しているので、私の両親は喜ばないと思います」

すると驚いたことに、氏はこう言った。

「ご両親はもう私たちの教会のメンバーになっていられますよ」

前提条件が一変した。それでもなお私は、最初の選択に、というよりは敬愛する牧師に忠節を尽くしたい思いが強かった。この件に関して牧師に手紙で相談すると、「交わりからあなたを失うのは残念」という返事がきた。

改革派教会に所属することを決意

その後、以前にもたびたびあったように、また神からの導きが印刷物によって示され、階段を上ることができた。それは、マンシアス・ハットンによって出版された小さなパンフレットで、聖職をめざす学生を援助する義務と、その目的のため教育局に身を捧げる聖職者の義務について書かれたものだった。私は祈りながらそれを読んだ。ジョン・スカッダー博士が改革派教会の所属であることにも影響されていた。

私は慎重に検討した。そうして「別れの四辻」と呼ばれる十字路にいまでも存在する大きな栗の木の下に立つ。するとヘイヴァーストロウのトム・マウンテンが北の方角に壮大な姿を見せ、あのふもとに住む人たちを思い出させるのだ。さらにノース・チャーチの尖塔が天を指さしているのを見て、私は預言者のバラムが荒野を前にしたときのように、(3)こうした風景に背を向けて、森におおわれたパリセードに向き合う。そして私の使命が待っているであろう東方の世界に向かって、神のご用のために新たに自分の身を捧げる決心をしてこうつぶやくのだ——たとえどのような道であろうと、私は自分の前に開かれた道を進もう——。

「私はオランダ改革派教会に身を捧げて牧師となる教育を受け、宣教師として働きます」

この決意を私はパンフレットの上に書き、同じ内容を敬愛するフリーマン博士に、強い心残りの気持ちを込めて書き送った。

博士からはまた残念の返事がきたが、私がこの機会を得たことを非難するものではなかった。私に対しても関心を失わず、それどころか、その日から興味が増したようである。彼は私を失ったのではない。私は他人のために新たに生きるのであり、また他人も、私によって生きることになるのである。

夏が二回、冬が一回、こうして自宅で過ぎていった。

二年目の夏は大学進学の準備をより効果的に進めるため、若い学者であるW・V・V・マーボン牧師の教えを受けるために毎週月曜日の午前、ニューダーハムのグローヴ・チャーチに行った。故人である彼の父は高名な教育者で、その息子のマーボン牧師は、聖職者を志す若者たちに、伝統的な準備教育を行う教師として注目されていた。学友のアルヴァン・オストロムと出会ったのはこのときである。またここではマーボン牧師の母と、兄弟、姉妹とも一緒に、何ヵ月かを家族のように楽しく過ごした。

日曜学校で初めて教える

土曜日ごとに私は自宅に帰って、セシーダ近辺の子どもたちのために始めた日曜学校で教えた。この日曜学校はのちにハイランド長老チャペルに成長した。これは画期的な出来事だった。セシーダの仲間たちは、一八ドルか二〇ドルを寄付して、子ども図書館のための本を買ったのである。その中にはアメリカ日曜学校連合の日曜学校図書館も含まれる。とてもうれしい経験だった。

ジョン&ギャレット・ドゥ・モルト兄弟からは多くの援助を受けた。二人ともまだ元気で暮らしており、その後エングルウッドやテナフライに形成された長老教会の主要メンバーとなっている。近くのバプテスト派やメソジスト派の信者たちも協力して仕事に当たっている。メソジストのベスツ一家やスコットランドのロバート&アンドリュー・エイチソン一家、とくに夫人方は「地の塩」の働きをしている。

これらの人びとは私にとって親戚同様である。時には訪れてつつましい会話をしたり、お祈りをしたりするのはとてもうれしいことだ。こうした信徒の集まりの中で、私の母は影響力を持ち、中心となっている。

近所の人びとは愛する兄弟である。国籍はそれぞれ異なるが、オランダの子孫が多数を占めて、社会や産業に、倹約の仕方に、お国柄を遺憾なく発揮している。

ヒングラー家、モーア家、デマレスト家、ウェスターヴェルト家などたくさんの家族がいる。ニュージャージー州北部の谷に鉄道が通ってから、大勢の都会人やアイルランド系、イタリア系の人びとの流入が続き、その当時は静かな集落だった場所が町になり、さらに都会にまでなってしまった。

前の世代の名残りであるスレーヴ族の子孫もまだ多少見られるが、自由を与えられたもののの恩恵は少なく、状況が改善されたとはいえない。もっとも、信心深く、評判のよい人たちもある程度は存在するが。

アイルランド長老教会派のすぐれた家系で、ブレファストの著名なエドガー博士の親族がこの集団の中に落ち着き、その家族のいちばん下の息子が説教者となって、その家族全体が「みんなの親戚」のように大切にされている。

そうした隣人たちとの思い出は楽しく、話は尽きない。人びとの親切と、いざというときに見せる援助や変わらぬ友情が、私自身肉親から遠く離れていたとき、どれほど心強く幸せに感じられたことだろう。隣人たちの注意や気配りによって、私は長年にわたって自分の選んだ仕事を中断することなく続けることができた。それも主が私のために選んでくださったことであったと信じるのである。

一八九九年三月十六日

これまでの文書は大体記載されている日付の日に書かれたものであるが、埋もれてしまって注など日付を確定する資料が十分でないものもあり、そうした状況の中では最善を尽くした。

影響を受けた聖職者たち

さてここで、私が置かれていた神のご用を勤める世界で影響を受けた牧師や聖職者について考察しなければならない。

最初に挙げたいのは、ピーター・I・アレン師、アマサ・S・フリーマン師、コルネリウス・ブランヴェルト師及びその家族のドミン・ブランヴェルト師、マーボン博士、ゴードン博士、そのほか近隣の聖職者であるドミン・ワーナー師、ジェームズ・ロメイン師と息子のセオ・ロメイン博士、これらの方々は私の生涯にもっとも大きな影響を与えてくださった。

ジェームズ・ロメイン師は人となりと豊かな才能の故に、ゴードン博士はその知性と、真理を示す論理的な説明に対して、またフリーマン、ロメイン、ドミン・ブランヴェルト各博士は、神の王国に導く模範的な牧者であり忠実な働き人である故に。これらの方々の親切で親身な力添えにより、私は主のために奉仕する忠誠と情熱を与えられたのである。その価値判断、信念、助言には計り知れない値打ちがあった。そしていま、それぞれすべての方々が先んじて栄光の国に入られたので、いずれ天国にのぼり神のみ前で、愛と友情を新たにすることができるのは、最大の喜びの一つである。ジェームズ・ロメイン師の別れの祝福「もし地上の友が守護神となれるなら、……」という言葉は、大きな励ましを与えてくれる。

聖職につくための援助を申し込む

一八五一年か五二年の夏か秋、聖職につくための勉学に援助を申し込むことが、バーゲンネックの会合のとき、バーゲンのクラスで決まった。聖職を求める動機を試問されたとき、ニューアークのアビール博士が、「君はだれもが宣教師になる義務があると考えているのか」と質問したことを覚えている。私は、「みんなそのつもりであると考えて大丈夫です」とさっそうと答えた。

ニューダンハムの学生仲間のアルヴァン・オストロムも、同じ時に教育局に援助の推薦を受けていた。これは、最初は年間一二〇ドルか一三〇ドルだが、その後は一五〇ドルまで増やされた。

私は丸八年も伝道局にいたので、私の教育費は教会に一〇ドル《ママ》から一二〇〇ドルの負担をかけていたにちがいなかった。こうしたことが書かれたので、私は正確な金額をたしかめ、その書類を受け取ると、全額を教育局に送った。これは一五年も前のことである。

一九一一年十一月七日

給料で足りない分は、学校で教えたり夏休みに宗教書の行商をしたりして補った。書籍の行商には、最初の夏休みは休みの前半に、二年目は後半に出かけた。

ある夏、ハッケンザックのちょうど北側のスプリングヴァレーで、二人の生徒を教えた。そこは歩くにしろ馬車に乗るにしろ、テナフライから往復一〇マイルから一二マイルほどである。その学校の生徒の一人であるジョン・カルヴィン・ヴォアヒスは、その後セシーダの改革派教会の牧師となり、ハッケンザックに定住した。

またある夏は、自宅に近いローワー・クロスターの学校で二週間教えた。カレッジの友人でルームメイトのマッケロイの時間が足りなかったので、代わりに満たすためだった。

書籍行商の仕事では、ひと夏のあいだ近所や郡内をまわって、オランダ改革派教会の興味深い新刊三点の書物を売り歩いた。『J・H・リヴィングストン博士の生涯』と『スカッダーのインド』およびデマレスト博士の『オランダ改革派教会の歴史』である。最初のうちはかなり苦しい仕事だったが、どうやって失望に耐え、成功に導くかを学ぶ大切な経験となった。私が学んだ一つの真理は、「成功は常に予期しないとき、予期しないところにやってくる」というものだった。

聖書の行商

前にも触れたが、聖書の行商には、神学校に在学中、二度の夏休みに出かけた。これはロックランド聖書協会の援助のもとに行われるもので、行ったところはニューヨーク州とニュージャージー州にまたがるラマポ山地で、サファーンからハドソン川にそってさらにヘイヴァーストロウの村にまで達する広大な地域である。これはたいへん骨が折れたが、楽しく実りある経験で、私の宣教師生活の実践的な第一歩となった。

その山地には、主に有色人種やコークリン族、そのほか「パイン・メドウ」の住人など、四〇家族以上が住んでいた。その居住地域は、グッドスプリングスから山地の中ほどの集落に至り、そこからダンダーバーグ山を越えてハドソン川沿いのドゥードルタウンに至る。仕事そのものは平地とくらべてとりわけ厳しいということもなかったが、聖書の荷は重く、夏の暑さの中で急な上り坂を運ぶのは、やはりこたえた。私の仕事は、ここに住む家族全部に聖書を届けることだったのである。

聖書を配り終えると、日曜学校が二ヵ所に作られた。六マイルか八マイル、できるだけ離れて山の両側に、しかも説教に両方通えるようにという配慮で場所が選ばれた。説教に関しては、郡の牧師が折々来てくれるようになった。フリーマン博士やトーマス・エヴァンズ師などがメンバーに加わっていた。

以上が最初の年の作業の進め方だった。二年目は私の同僚がグッドスプリングスに駐在し、私自身はピアソンやラマポの日曜学校の作業所の周辺で働いた。

四章　注

（1）アルバート・ベンジャミン・シンプソン（一八四三―一九一九）は、カナダ生まれの説教者、神学者。一八八七年、世界宣教の使命を果たすための協同運動をめざして「キリスト者と宣教師の同盟」（クリスチャン・アンド・ミッショナリー・アライアンス）という超教派の宣教団体を設立した。

（2）「償いの金」。旧約聖書「出エジプト記」二二章には、「盗みと財産の保管」と題して、他人に対して損害を与えた場合の償いが書かれている。

（3）バラムは旧約聖書の預言者。旧約聖書「民数記」二二―二四章参照。バラムは、モアブの王バラクの使いに、イスラエルの民を呪うよう頼まれたが、バラムはロバに諫められて主の心を知り、イスラエルの民を祝福した。

五章　学生時代

ニューブランズウィックでの生活

一八五二年秋、私はニュージャージー州ニューブランズウィックにあるラトガーズ大学(1)のグラマースクール（大学進学のための予備の学校）に入学した。ニューブランズウィックの町はニューヨークとプリンストンの中間のラリタン川沿いに位置し、歴史が古く、教育の盛んな工業都市である。その町に行くには、ニューヨークから船で、細く曲がりくねったソルトメドウグラスの海を何時間もかけて航行する。あるいはバーゲン・カットを通るニュージャージー鉄道を利用すれば、もっと早く着く。

グラマースクールには牧師志望の生徒が何人かいて、一八五三年の秋に私と一緒に大学に入った同期生の中には、二年生になった者もあった。

四年間の大学生活は忙しく、楽しく、とりたてて述べることはあまりない。多くの級友や学友に恵まれ、遠く離れ離れになっても互いに励ましあっている。最上級のとき私は出席をとる点呼係になったので、少なくともクラスメートの名前は全部覚えている。それぞれ楽しい思い出を持つこれらの人びとの中には、卒業後、神のために働いた有益な仕事を終えてこの世から旅立った者もいる。

亡くなった級友たち

故人となったクラスメートには、ワトキンスとタルマッジとベリーがいる。熱心で情熱家のワトキンスは、大学と神学校を卒業したのち、厦門《あもい》の伝道局に配属が決まってすぐ船で向かったが、その後消息を絶った。神意が測り難い事件であった。温和な愛すべき性格のトーマス・アディス・タルマッジは、故郷の聖職に落ち着いて間もなく亡くなったのだった。フィリップ・ベリーは近くのハッケンザックの住人でロメイン家の子孫だが、蒸気船「アーティック号」が炎上したとき海に投げ出され、数時間後、奇跡的に救助された。その後シリアで短期間宣教を行い、のちにフィラデルフィアで『ナショナル・バプテスト』の編集に携わり、その後永眠した。

あと二人の親しい友人、説教のクラスのA・オストロムと下のクラスのジョン・ハワード・ヴァン・ドレンは、宣教とニューヨークの伝道局の仕事に長年携わったのち、このメモを書く一年ほど前に天に召された。

懐かしい友人の名前をもう少し挙げておかねばならない。ロックランド郡の住人で、大学と宿舎の仲間だったジョン・ランシング・サーヴァン。卒業後はニューヨークのウォルドン・オレンジ郡でクリスチャン弁護士として尊敬を集め、惜しまれて亡くなった。もう一人、尊敬すべきクラスメートのアブラム・トンプソンは、聖職者として教育者として立派な業績を残し、天国に旅立った。

次は存命の人について。マッケルヴィ・ピーク、コリアー、グリック、ミラー、スカッダー、ワートマンなど、めったに会えないが、忘れられない人たちである。

死亡が発表された方々について。まず、愛する教授方はみな鬼籍に入られたと思う。テオドール・フレリングソン学長、ラドロウ、ヴァン・ヴランケン、キャンベル、プロンフィット、ストロング、クック諸博士！　それぞれみな立派な人物であり、学者であり、誠実な教育者であった。こうした先生方に四年あるいは七年にわたって親しく教えを受けることができたのは、なんという喜びであろうか。

大学でのいろいろな経験

大学生活について、いくつか書き留めておくことがある。大学と直接関係はないが、最初に挙げなければならないのは、いわゆる「カレッジ・ミッション・スクール」（ミッションS・S）である。この名前がついたのは、建物が大学の学長宅のすぐ後ろにあったことに加えて、男性教師と管理人が大学と神学校の学生だったからだ。

私は後の神学博士J・H・ド・バン師により、教師としてここに招かれた。彼はそのときロックランド郡から勇んでやってきた神学生で、私に興味を持ったそうである。管理人はヨアヒム・エレメンドルフだった。

この学校について特筆すべきは、多くの学生がその学校の女性教師を伴侶に選んだことである。そこでは土曜日の夜、祈祷会が女性教師たちの家で交代に行われていて、男子学生はそのあと婦人方の求めに応じて自宅に送り届ける習わしがあった。しかしこの現象がよからぬ評判になっていたので、私は送ってほしいという婦人の誘いを最初からきっぱり断ることにした。するとその態度が際立って、私は「女嫌い」のあだ名をつけられ、何かとからかわれるようになるのだが、その件はあとで述べることにしよう。

このミッションS・Sの経験は、貧しい人々や外国人の多い地域の人びとにパンフレットを配った経験と共に、キリストのために働く喜びを先がけて教えてくれた。私はまた、同じ喜びを持ついくつかの家族のよきクリスチャンの婦人たちと、労働を共にした。

学校生活の中でも、特に神学校に入ってからは、I・W・キップ・ジュニアのコンサートと一緒に祈りや信仰復興伝道集会を開いて、そこで働く喜ばしいシーズンを何度も送った。キップ・ジュニアは私が最初のミッションに出かけたとき、同じ船に乗った仲間である。そうした集会で私たちは、見た目は立派でも飲酒癖におちいっているテオドア・フォルカーソンのような下層階級の人びとに教えを説いた。このとき私たちは最初の回心者をえた。イギリス人の家庭のアブラム・ジョーンズという八歳の男の子で、祈祷会のとき、幼いながらすばらしい祈りをしたのである。

大学生活中、とりわけ神学校のときには、質問会という集会があり、多くの人がいつまでも残る強い印象を与えられたものだった。ヘンリー・E・デッカー師はそのような優れた聖職者のメンバーの一人だった。学長や教授方、あるいはサムエル・ベンソン・コックス博士など、時々訪れる客人によって行われる朝の祈りは、学生の心に厳粛な印象を与えた。また雄弁なサムエル・B・ハウ博士や、若く想像力豊かなサムエル・M・ウッドリッジなど、一年次と二年次に町のオランダ教会の牧師だった人たちによって、熱烈な談論がチャペルの中で交わされたことも記憶の中に鮮明に生きている。

町のその他の聖職者たち、ニコラス・マレー博士、「カーマン氏」、かつては神学校の先生だったアレックス・マクレランド博士など、みな偉大な人たちだった。プリンストン大学の教授であるマックギル、グリーン両博士、説教師のT・T・イングラー、I・T・ダージー氏らにも感謝は尽きない。

私が個人的にいちばん引きつけられ、影響を受けた説教は、J・ロメインによって第二オランダ教会の講義室で行われた予備講義であった。それは、だれもが神の前に出るのはふさわしくないと絶望して心を惑わすほど影響力のあるものだった。パウロやエドワーズ(2)そのほか前の世代の人びとが、ヤコブの罪を指摘した故に偉大な人物であると敬われるのに不思議はない。

そのころ、「より聖なる生き方」を求めてアサ・マハンらによって始められた「ケジックの教義」(3)と呼ばれる運動が起こっていた。それで私も、魂の探究や、神の聖なる祭壇に自己を捧げる試みなどを、ごく少数の親しい友人たちと盛んに行った。そうした友人の中でも最良の友は、ジョン・ハワード・ヴァン・ドレンである。彼独特の神への近づき方に、私は多少の影響を受けた。しかしそれはさておき、彼はこれまで経験したことのないような愛情で私を愛してくれたのである。のちにはキップが愉快で頼りになる友人になった。

秘密クラブ

宗教的な協同作業の話をしたところで、当時私が承知していた限りの「秘密クラブ」の影響について話をしておかなければならない。

大学には文学関係の二つのクラブ、「フィロクリアン」と「ペイソロフィアン」があり、それぞれ別の夜に各自の部屋で会を開いていた。それに加えてさらに二つの秘密クラブ、「デルタ・フィー(どちらもギリシャ語アルファベットで$\Delta\phi$)」と「デルタ・プシー(同じく$\Delta\psi$)」があった。

ところで大学では卒業式の行事の前に三年生の弁論大会が開かれる習わしがあり、二つの秘密クラブは文学クラブの票を稼ごうと、しのぎを削っていたのである。各クラブの対抗意識は、卒業式の催しでも三年生の弁論大会でも非常に強かった。それに勝つために各クラスの最高の人材を確保しようと、多くの時間と、精力と、金が使われたのである。

しかし各クラスの一般のメンバーの中には、競争が文学上の争点に留まらず、社会的に見て道義に反する形になっていることを疑問視する空気があった。料簡がせまいとか、クリスチャンらしくないなどはさておいても、精神上あるいは道徳上の見地から、利己的で有害なものには立ち向かわなければならなかったのだ。

その結果文学クラブの中では、選挙を有利に進めるため、反秘密グループすなわち中立派の票を確保しようという競争がエスカレートして、中立派のあいだにはうんざりした気分が広がっていった。そしてついに卒業式のシーズンには、各秘密クラブが道化や喜劇の形で相手方を中傷するような出し物を発表するに至った。そうしたものの上演はやめるよう毎年教職員側は呼びかけていたのだが、効果はなかった。そこで影響は中立派にも及び、自分たちも道化芝居に一役買うことになったのである。

私の在学中にはいろいろな能力のある人材が驚くほどたくさんいて――それがみな反秘密派だった――困った連中の目を覚まさせてやろうと結束し、アメリカ先住民の「火をもって火を制す」というやり方を実行に移すことにした。そして「キャトル・ショウ（畜牛品評会）」と題する風刺劇をやって大成功をおさめたのである。風刺があまりに強烈で痛快で、それ以後私がいたあいだ、道化芝居は出現しなかった。おそらく完全に姿を消したものと思われる。

この大芝居を成功させたのは、ずば抜けて多芸多才なアルヴァン・オストロムだった。

彼は「キャトル・ショウ」で自らその才能を披歴したように、のちには詩人として光を放ち、神の高邁な僕《しもべ》となった。

「まかり出でましたるは○○と申すニューアークのいかさま師
名誉ある勝利を頂戴すると申しましたが
生来あまりに楽しく陽気なたちでありますゆえ
名誉はトイレの水に流しましてございます」

「ジェジー・クラブ」

影響力の上で、中立派すなわち反秘密クラブの結束よりも、より重要な意味があったのは、六、七人で構成されたバチェラーズ・ホール（ひとり者の館）・クラブである。それは「ジェホバ・ジレー」を短縮して「ジェジー」と呼ばれていた。

このクラブの目的は、まかない費を安くあげることにあり、家を借りたら道具類はできるだけ自宅から持ち込み、あらゆる仕事を自分でこなすというものだった。そこで限られた方法で必要を満たさなければならないため、最初メンバーは聖職と教育志望の学生のみとした。のちにヘイヴァーストロウの友人のJ・L・サーヴァンと、彼の甥でグラマースクールのマシュウ・ボガート・エッカーソンが入会を許可された。彼らは費用を分担するほかに、家から品物を持ってきたり、冬には果物を持ってきたりしてくれた。ほかの友人たちも時折パイなどのおいしい食べ物を差し入れて、食卓をにぎわしてくれた。我われの食事は単純で質素だったがよい食事だった。

家事を円滑に行うために、それぞれ役割が決められた。コック、皿洗い、家政婦、「ゴミ教授」、さらにユダ、すなわち「袋運び」である。ほめられた話ではないが、いちばん軽いこのユダが私の仕事となった。しかしその軽さを補うため、土曜日にはマキ割りをしたり、地下室で洗い物をしたりしたものである。

冬になると我われは四時に起き、同じ志を持つ仲間と町で合流して「狐と猟犬ごっこ」よろしく、一時間ほど町じゅうの道路を四方八方に走り回った。この遊びは一年以上続いた。健康によく、気分も明るく楽しくなるので、みな午後の恒例の街歩きや線路わきのそぞろ歩き以外には運動をしようと思わなくなった。

その上、さらに大きな成果があった。これが神学生ホールの誕生につながったのである。F・N・ザブリスキー博士が得意のペンを走らせて、神学を学ぶ学生が力を合わせて健気に自活しているさまを描くと、それを読んだジョン・H・ラドロウ博士がいたく感激し、彼らに住まいを与える必要を説いた。その結果「ヘルツォーク・ホール」を建てるお金が集まったのである。その後このホールにはジェジーのメンバーがみな住み込んだが、サーヴァンとエッカーソンは加わらなかったように思う。

ロメイン師宅に住む

ジェジー・ホールからヘルツォーク・ホールに移る前の期間、マッケルヴィ氏と私は一年か二年、当時名誉牧師で身体障碍のあるジェームズ・ロメイン師がジョアンナ夫人と二人だけで住む家に同居した。私たちはその静かな家庭に活気を持ち込んだことと思う。専属のチャプレーンのように行動し、朝晩か、少なくとも一日一回の礼拝を行った。私たちもまた、師の豊富な経験から、多くのことを学んだ。自分が将来を期待されていることが、その祈りから、また別れる際に贈られた言葉から感じられた。師は「もし栄光に包まれた霊が地上で働けるものならば、君に同行したいものだ」と言ってくれたのである。

私が大学の優等賞や聖職者の栄誉賞などに重きを置かなかったのは、彼のそうした心意気というか、インスピレーションのようなものに影響された面が多いようである。キリストの福音を宣べ伝えること以上の栄誉はないと感じているからなのだ。私は故郷に帰るたびに師のお墓を訪れ、ご自分の説教から引かれた墓碑の言葉を読む。

「三〇年間私はキリストの福音を伝えることを許されてきた。それでもう十分、十分である」

さらに書き留めておきたい。のちにハッケンザックで彼の跡継ぎとなった息子のテオドルは、また祖父の跡継ぎでもあるのだが、私を家族の一員とみなし、また、ロメイン夫人の姉も妹も同じように私を大切に思っていてくれたのである。これらの人びとはみな、緑の芝生の上に建つ古い教会のうしろの美しい墓地に眠っておられる。

個人的な経験

大学時代の個人的な経験で、二つだけ書いておきたいことがある。その一つは、フィロクリアン・クラブのディベートが白熱したときのことだった。指導的な立場にある立派な学者で、肉屋の息子のミルトン・F氏が、いきなり刃物で私の胸を突いたのである。幸い大したけがにはならなかったが、それより重要なのは、あわや大事件になるところだったのに、私の心には恨みの感情が少しも起こらなかったことだ。驚いたのは、数人の友人が飛び出してきて、まるで決闘でも起こるのを止めるように私を押さえ込んだことだった。

私がより深く感情を傷つけられ、相手に対する敬意を失うことになったのは、ウイットに富むが賢さに欠ける神学部の学生にまつわる事件である。彼はある給費生の二人の兄弟と議論しているときいらついて、兄弟の名前や論旨をやたら攻撃しはじめたのだ。私は不愉快になったので、彼のもとにそっと行き「やめなさい、さもないと君が尊敬している某教授に知らせるぞ」と言った。その教授はかつて、その学生の性格について私に意見を求めたことがあったからだった。それはともかく、彼は私のことを自分のためを思ってくれる親しい友人とみなしているからこそ、私の名前を教授に伝えていたものと思い、私は友情を信じて相談を受けるつもりだったのである。

ところが結果は思いがけないことになった。それから間もなく彼は私のところにやってきて、内緒話のような小声でこうささやいたのである。

「C博士が君のことをどう思っているか知ってるか。草むらにひそむ蛇だとさ！」

これほどひどい一撃をくらったことはなかった。この男は秘密クラブの主導的な存在で、のちには別の教会の神学博士になった。

もう一つの経験は、学部の学生が偉人や功績のある人に抱く英雄崇拝である。ネルソン・スタウトはサンドイッチ島の回心した船乗りで——偉大な学生であった——ちょうど神学のコースを終えたとき科学の研究に没頭してこの地上での生涯を終えたのである。

模範的な指導教官であるウィリアム・アーヴィン教授からは、崇高な印象を受けた。ハッケンザックのC・Vは鬼才とあがめられていたが、最後は財政的にも身体的にも破綻をきたし、輝かしい初期の期待は裏切られた。そのように、はじめのころ優秀とみられた多くの学生が、期待に沿う経歴を残すことができずに終わっている。また裕福な貴族の息子である二人のクラスメートがいたが、気立てはよかったものの体力や勤勉とは両立せず——むしろその逆が真実であることが多く——大学を卒業したかどうかもわからない。

在学中、悪質ないたずらをしかけられたことが二回あった。もっとも、一回は友人の一人と一緒だったが。最初私たちは少しばかりなじみのある女性の家のお茶に呼ばれたのである。その女性には妹がいて、二人ともクリスチャンとして活動していた。回を重ねるうち、これは私たちが下宿に帰ったとき、夜のお楽しみなどと笑いものにするためではなかったかと疑うようになったのだった。

結婚に関する話

もう一件は『ニューブランズウィック新聞』と『インテリジェンサー』に掲載された私と先の姉妹の妹のほうとの結婚記事である。信用性を高めるため、その記事の前には、婚約が周知の事実となっているある神学生と町の婦人との結婚の記事が出ていた。そして二組の結婚式は、この二人の女性が所属するハウ博士の教会で行われた、と書かれていた。ハウ博士は激怒したが、婦人たちは不快な色も見せなかった。そして私と結婚したと報じられた女性は、「他の学生じゃなくてよかった」と言ったという。

私はむしろ、結婚問題について友人や親戚の意見を聞くという利益を得た。親戚の何人かは記事を信じたそうである。ビジネスマンのおじはこう叫んだ。

「ばかな奴だ、なぜ学業を終えるまで待たないんだ！」

ひとり者の大おばは言った。

「きっとこれも天の配剤なのよ！」

このデマの発端は、友人があるハイスクールで行う卒業演説のために私が書いた「女性について」の作文だった。これは夏休みに書いていたもので、その後大学に戻ったためまだ完成していなかった。そこで私はクラスで一部分を読んだのである。

男やもめだった学長のフレリングソンは、間もなく再婚しようとしていたところで、私の「バチェラーズ・ホール」の話を「なんとも忌まわしい話だ」といって大そうおもしろがり、読み終わると「よろしい、B君、きみは大学を卒業するまで結婚しないほうがいいよ！」と言ったのである。

これは次に起こった事件のヒントとして十分で、私にはあのジョークの犯人の見当がついた。新聞記事に対する教授たちの意見はさまざまだった。デマであるとわかるまで「彼を追放しろ！　追放しろ！」と叫び続けた人もいた。また、三度とはいかないが二度結婚している ある教授は、噂の主がわかると、「あの女嫌い」にそんなことはありえないと信じようとしなかった。

教授方からいただいたよい評価について、私はとても感謝している。私は病気になって、いくつかの最終試験を受けられなかったのだが、クラスの第一等賞を与えられたのである。そのほか多方面に秀でた万能学者たちや、言語、科学、数学など各分野の専門家たちも賞を受けた。デウィット・T・レイリー、アブラム・トンプソン、ジョージ・ピーク、ベンジャミン・シアーズといった面々である。それぞれ順番にスピーチをし、最後にシアーズは英作文賞を受けた。レイリーは科学と古典の二つのメダルを受けた。ピーク氏は特別優秀な数学者で代数の部門に優れ、太陽や月の蝕に関する研究で満足のいく仕事をした。

一八五七年、第一オランダ教会で卒業式が行われた。もっとも思い出深いのは、私の最初の宗教的指導者フリーマン博士が出席し、独特の控えめな祝福をしてくれたことである。師は「君はクラスの宗教的精神を高揚した」といっておられたが、やりすぎたとは言わなかった。

数学の教授のストロング博士は、数学者独特の精密さで、「君はいい人になる、きっといい人になるよ！」と言った。それは「偉大ではない」という意味だと私は解釈した。ちなみに彼の息子のセオドアは私のクラスメートだった。

中でもいちばん熱烈にお祝いを言ってくれたのは、私を崇拝してくれる魂の友、いとこのウィル・バラだった。彼にはあとになって「僕の気持ちに全然気づいてくれなかった」と言われ、私は大いに反省したのだった。

一つ記録しておかなければならないのは、私が学んだことを実際に応用する技を教えてもらったのは、親友であり、生涯の友であるアレクサンダー・マッケルヴィだということである。彼は私の知る限り、もっとも優秀な学生だった。彼がもし牧師の仕事に対してあれほど熱心にならず、自分の専門分野に十分時間をかけていたら、たとえ何であっても選んだ道で輝かしい業績を残していたであろう。彼は同じように勤勉で応用力のあるジョージ・H・クック教授の絶大な信任を得ていた。

神学校に入学

神学校に入ってみると、カレッジで教わった先生方が多くおられるので、学校が変わったことがあまり感じられなかった。『ケイムの批評の要素』のキャンベル博士と『ペーリーの明証』のヴァン・ヴランケン博士。これらの本から議論や実例が順次引き出されるようになったのだ。それから論理学と形而上学のラドロウ博士。ヴァン・ヴランケンとラドロウ両博士が私の神学校在学中に亡くなったので、ウッドブリッジ博士が教会史の教授となり、我われのクラスを初めて受け持った。なかなか新鮮で楽しく有益だった。ほかの学校から入ってきた学生もたくさんいたが、ラトガーズの学生も結構多かったので、母校にいるような感じだった。

セブンスデー・アドベンチストのロジャーズはクラスメートだった。ヴァージニア出身のハーバート・H・ホーズはS・P・ターヒューン博士夫人の兄弟で「マリオン・ハーランド」として知られており、神学校の学友だったが、南北戦争が起こったため進路を絶たれた。私が結婚するために南部へ行くとき同行したのだが、スタントンで別れたきり、その後会っていない。

それからニューヨークのレオナード・W・キップ。若々しい風貌と陽気な性格のため私は誤った印象を持ち、彼は自分が担う仕事の重みがよくわかっていないのではないかと思ったものだ。ところがその印象がどれほど変わったか、言葉に言い表せないくらいである。この単純で信じやすい聖ヨハネのような性格が、選り抜きのアングロサクソン言語と一体になると、会話も祈りも説教も、実に聞いて楽しく、進んで参加したい気分になるのである。彼と私は旅仲間というか宣教仲間となって、それぞれ別々ではあったが割合に近い地域で仕事をした。

またほかのクラスメートの消息を記す。インドのマドラスにいるジョン・スカッダー博士の同名の末息子について。彼の父親によって私は牧師や宣教師という仕事に招かれたわけで、その幸運な出会いを感謝する。次はいとこと、兄弟のジョンが続く。ハワード・ヴァン・ドレンからも喜びをもらい、感謝。そのほか上級の学生には、我われの教会や他の教会の名誉牧師になった人びとがいる。それからこれまで名前を挙げなかったが、名誉級友として、我らのクラスのカーライルと称すべき、デニス・ワートマンがいる。

これらの人びとの思い出はとても懐かしい。もう遠い昔の経験で、いまは母国から遠く離れていても、大きな喜びを与えてくれる。こうしていると、昔のいろいろな場面や友人たちが次々と記憶の中に浮かび上がってくる。

二人の教授、というか、著名な講師の先生にまだ言及していなかった。ジョージ・W・ベシューン博士とハワード・クロスビー博士である。二人とも学校の教室や教会で、力強い説教をされた。その説教の断片はまだ記憶に残っている。

教会の指導的な牧師であるトーマス・デ・ウィット博士、ハットン、アイザック・フェリス、タルボット・W・チェインバーズ各氏からは、その人柄から善良さと偉大さを印象づけられた。

アレキサンダー・ダフ博士のアメリカ訪問や、ニューヨーク市で開かれた伝道と宗教の記念祭、すなわち五月集会などにより、宗教的な確信は自然に高められていった。インドへ旅立った者は、まさに主の使徒の化身ともいうべき燃えるような情熱とさわやかな弁舌を残していった。それにも劣らないのが我々のウィリアム・H・スティール博士であった。彼はたとえ同行する者がなくても、単身でボルネオのダヤク族のもとに戻ると宣言したのだ。彼の名前から思い出したのは、親愛なるポールマン宣教師の息子のベリー・ポールマンである。まだほんの少年だったのに兵役につき、南北戦争で命を落とした。

その南北戦争や、戦争を引き起こした原因に関して言えば、私は異教徒に対してアメリカの奴隷制度をどのように弁護できるのかと、ひどく悩んだのを思い出す。でもその困難には立ち向かわずにすんだ。私が宣教に取りかかる前に、戦争の原因であり非難の的であった奴隷制度は永遠に葬られたのである。

大学在学中にあとまで影響を及ぼしたことで残念に思うのは、私が行った演説のために、善良で偉大なフィリップ・シャフが我われのフィロクリアン・クラブの名誉会員に選ばれなかったことである。何人かの有力なデルタ・フィー・クラブの者が、S・P・ドゥーリトルの名前を出し、カレッジののちの英文学教授ドゥーリトルが指名を受けたのだ。

私は当時マーサンバーグ神学と呼ばれていた理論を根拠にしてそれに反対した。といっても私はその理論の真の価値はほとんど知らず、そのころ出版された短命な評論誌の中でJ・プロード博士が酷評していたのを読んだだけだったのだが。私が効果的な武器として使ったのは「自由主義者の中立」とか「真理に向きあうのに熱狂は不要」というような格調高い文言であり、これは管理の行き届いたホエートリー大司教の時代に、真理の重要性に関して書かれたものからの引用だった。

そのとき私は夢中だったが、投票結果は裏目に出た。これは間違った熱狂であった。といってもそれは私が「博士の名声は十分に示されている」と繰り返し主張してきたように、その評判に影響するものではなかったのだが。ところが、四年生の友人たちに与えた印象には驚いた。その一人であるI・B・トンプソンなどは「あのスピーチの準備にどれだけ時間をかけたのか」と聞いてきたのだ。実際のところ、その重要性に目覚めて情熱が沸き起こるまでの時間しかかけていなかったのである。

自分ながらよくやったと記憶に残り、他人にも影響を与えたのは、そのスピーチと女性についての作文だけである。作文はその後定期的なクラブ活動の作品として提出され、そのまま戻ってこなかった。作文を預けたのは頭の切れる学生で批評家のデルタ・フィー・クラブの指導者だった。

私が取り組んだ最初のテスト説教は「ザアカイの回心(4)」だったが、それに対する批評は、まあ、賛否相半ばというところだった。カレッジのクラスメートは「B氏のお話はもう十分聞いたよ！　今度は本物の説教を聞きたいものだ」と言った。この友人はその後大げさな表現を好む雄弁家となったが、信者に心の準備をさせることや、未信者の心を捕らえたりするのは得意ではなかった。友人のキップは「彼はやっとザアカイの話が理解できたんじゃないか」と言ってくれたのだ。

卒業説教と宗教法院での受験説教は、「ヨハネによる福音書」一二章三二節による「十字架の引きつける力[5]」であった。それは十字架の持つ道徳的な力が、人間の知的及び道徳的本質にどこまで迫ることができるかという試みであった。この構想はW・R・ゴードン博士の著作である「意思の真の機能と場」についての論文を参考にしたものである。宗教法院で私は説教の要旨を繰り返し述べた。それがいつも好意的な評価をうけ、免許を与えられたのだった。

のちのことになるが、横浜のラザフォード・オールコック卿[6]の客間で開かれた外国人の集会で、私は日本で最初の説教をこのテーマで行った。するとヘボン博士は、「一般的に、キリストの十字架の受難については、みなもっと多く説教をするべきだね」とコメントしてくれたのである。

五章　注

（1）ラトガーズ大学は、アメリカの植民地時代の一七六六年に創設された、全米で八番目に古い歴史を持つ大学。明治初期から多くの日本人が留学したことで知られている。主な卒業生に、駒井重格、中妻輝雄、工藤精一、松平忠礼などがいる。

（2）パウロは『新約聖書』のパウロであろう。エドワーズは十八世紀のカルヴィン主義神学者で、信仰復興運動を推進したジョナサン・エドワーズ（一七〇三―一七五八）と思われる。

（3）「ケジックの教義」（Keswick Doctrine）。アメリカでは一八三〇年台半ばから、キリスト者の精神の浄化運動が起こり、心の「完全な浄化」を目指して瞑想や内面の探究などが行われた。それがイギリスにも広がって、イングランド北西部のケジックの町で大会が行われたことから、その町の名前をとって「ケジック運動」などと呼ばれるようになっている。

（4）「ザアカイの回心」。「ルカによる福音書」一九章一―一〇節。ローマの徴税人ザアカイは、あくどい手段で金持ちになったため人々にさげすまれていた。イエスが群衆に囲まれてエリコの町に入られたとき、背の低いザアカイはイエスの姿を見ようとして木に登っているところをイエスに認められ、宿を貸すことになる。そしてそれまでの生き方を悔い、罪を償う決心をする。

（5）「ヨハネによる福音書」一二章三二―三三節。「……わたしは地上から上げられるとき、すべての人を自分のもとへ引き寄せよう。」イエスは、御自分がどのような死を遂げるかを示そうとして、こう言われたのである。

（6）ラザフォード・オールコック（一八〇九―一八九七）。イギリスの初代駐日総領事。一八五九年七月、高輪の東禅寺に暫定のイギリス総領事館を開いて幕府と批准書を交換し、神奈川の浄瀧寺に領事館を設置、十二月に特命全権公使に昇格した。旅行好きなことでも知られ、一八五九年九月には開港地である函館に旅行、翌六〇年九月には富士登山をして、登頂記録の残る最初の外国人となった。一八六一年四月公用で香港に行って五月長崎に到着し、陸路で三四日の旅をして江戸に戻った翌日の七月五日、攘夷派の襲撃を受けた。オールコックは無事だったが、書記官のオリファントが負傷した（第一次東禅寺事件）。これを機にイギリス艦隊が横浜に常駐するようになった。約二年の休暇の後、一八六四年春に帰任したが、その間に生麦事件が発生して薩英戦争が起こり、長州藩による外国船砲撃などが行われていた。彼はこれに対して列国艦隊を率いて総攻撃を加えるなど主導的な役割を果たすが、これを認めなかった外相のジョン・ラッセルにより帰国を命じられた。著書『大君の都——幕末日本滞在記』『日本の美術と工芸』『日本および日本人』など。

六章　宣教活動への準備

将来の働きの場

神学校卒業前で、まだ免許が下りていないときのこと、私の将来の働き場に大きな影響を及ぼすようなことが起こった。

もともと私は、宣教の場としてインドがもっとも重要な地であると考えていたが、それは地図の上だけのことだった。その後、二年上のオストロムとラペルジアが中国に行くことになり、それで私も中国に行くのもよいかもしれないと思うようになった。友人のキップが中国を希望していたし、クラスメートのワトキンスもそこを働き場としようとしていたことも影響していたようである。

『スケッチ・オブ・ジャパン』

しかしそれより前のこと、たぶん大学二年の休みのときだったと思うが、タルボット・ワッツ著の『スケッチ・オブ・ジャパン』というペーパーバックの本を手にとった。出版は信用のおけるM・D出版社である。その本には日本人の歴史や宗教や民族の性格など、さまざまな事柄が書いてあった。読み終わると私は「自分が勉学を終えるまでに日本が福音への扉を開いたとしたら、すばらしいではないか」とつぶやいた。ちょうどそのころペリー提督が、長く閉ざされていた日本の首都の門を叩いていたのはまだ知らなかった。

ところで、宣教の地として初めて日本がはっきりと意識の中に入ってきたのは、神学校二年のときだった。『インテリジェンサー』紙のコラムで、「日本に宣教師を送ってほしいという要請が、オランダ改革派教会の著名な各伝道局に届いた」という記事を読んだのである。この要請は、アメリカ海軍チャプレーンのH・ウッド（改革派教会）と、上海英国教会チャプレーンのE・W・サイル（監督教会）と、アメリカン・ボードのS・W・ウィリアムズ[1]（組合教会）から送られたものであり、それぞれの教会の伝道局に届いた。とりわけ改革派教会は、それまで長いことオランダ人が長崎で好意的に通商を許されてきたことから、特にこの事業に関わってほしいということだった。

この要請は、私とクラスメートのアイザック・コリンズにとっては、あたかも「自分の身をこの事業に捧げなさい」とすすめる神の声のように聞こえたのである。それでも私たちはまだ学業を終えていないし、この事業に対しては主がもっと適当な優れた人材を用意されているかもしれないと考えて、ひとまず行動を控えた。

事態はかけ足で進行した。オアスコ・アウトレット教会のS・R・ブラウン牧師がその要請に応えたのである。ブラウンはそれまで香港とマカオにある中国人のためのロバート・モリソン学校で宣教教師を勤め、特に経験と教育に秀でた質の高い教師であった。

その要請にはさらに宣教医[2]と、オーバン神学校神学部のオランダ生まれの学生[3]が応えて受け入れられ、それで必要な人数がそろった。

それから間もなくブラウン博士は、新しい宣教地へ生徒の関心を向けるためわが神学校に派遣されてきた。彼は学生の質問を受けて、少なくとも一人はその希望であることを知ると、それに答えて言った。

「息子たちよ、案ずることはない。私が先に行って道をととのえておこう」

最初、任地は中国だった

事実上その約束によって、私には改革派伝道局から最初に割り当てられた中国ではなく、日本に派遣される道が開かれたのである。私は志願したとき、日本に大いに興味があると言ったのだが、日本への派遣の枠はすでに埋まっていたようなので、それなら友人のキップと一緒に厦門《あもい》に行きますと言ったのである。その結果厦門へ派遣されることが決まったのだった。

ところが私は肺が弱いことがわかって伝道局の医者に一年先に延ばすようすすめられ、キップもまた伝道局の財政難が理由で出発が延期された。その間に私は中国語を聞きとる能力を試してみたが、音調が何段階にも変化する福建方言の中国語は難しくてとても歯が立たなかった。それを見て経験者のエリーン・ドティは、私には中国語は無理だろうと考えた。この事実と暑い気候に対する恐れに、私は信念を試される形になった。それでその不安をバーゲンのＢ・Ｆ・テイラー博士など伝道局の人びとに率直に話し、ジェームズ・ロメイン師やハッケンザックのボリーたちを通じて友人にも話していた。フィリップ・ボリーの甥は一八六〇年に私たちが神学校を卒業したとき、ハッケンザックで一緒に免許を受けた仲間である。

テイラー博士は親切にも、「伝道地のことで心配することはない。もし主が君を日本に行かせたいと望まれるなら、そのようにしてくださるだろう」と言ってくれた。免許を授かってから卒業までの期間、キップと私は伝道局の監督下にある教会をいくつか訪れた。

私にはもう一つ、重い課題があった。もし中国に行くなら、結婚しなければならないということである。なぜかというと、私は以前、友人のオストロムに、「君と奥さんは、私を仲間に入れてくれるかな」と書いたことがあった。私が二人の結婚に反対していたことを、彼女が知ってしまったからだった。すると彼は、「ミッションにはひとり者が多すぎるよ」と答えて、「ほかの誰かのための家庭にもなるように、君は結婚したまえ」とすすめてくれたのである。

しかし私には結婚したいと思う相手がいなかったし、派遣される国も決まらず言語も習得しないうちに結婚するのは好ましくないと思っていた。ここで私は、微妙なむずかしい事件について話さなければならない。それはどちらの側も大きな悩みと恐れを感じた問題だったが、大きな過ちもなくやり過ごすことができたものの――少なくとも片方にとっては絶対的な自信がなく、もっと男らしく振舞えばよかったと後悔するうちにことは決着したのだった。そして幸いにもよき神の手によって善意と友情が永続し、たがいにこの世の生が終わるまで敬愛する友人として付き合えるようになったのである。

それゆえ私は他人の好意を試そうとは思わず、むしろそうした機会や必然性をなるべく避けようとしていたのだ。一八六〇年が暮れるころの私は、こうした状態だった。

そのようなとき私の最初の牧師であるフリーマン博士の招きを受け、クリスマス祝会に日曜学校で話をするよう勧められた。博士には懇意な婦人がいて、その人の興味を引きながら私についての話を引き出すなど、双方のあいだを取り持つような様子があった。博士の心の中では万事良好だったようだが、私としては、そうはいかなかった。

そのあと私は宣教の計画について相談し、伝道局の決定が遅れていること、ヴァージニアからよい給料で招きが来るであろうこと、また、一時的にでもそれを受けると、宣教師としての仕事を放棄することになりはしないかと恐れていることを話した。博士はそれについてこうたずねた。

「主がこれまで君のためにしてくださったことを考えると、君の最初からの望みを脇に押しやることは正しいのだろうか？」

「いえ、そうは思いません」

と私は答えた。すると博士は、すぐ伝道局に決めてもらうよう頼みなさいと指示した。

そこで私はただちにニューヨーク市に行って「この年早くに派遣されないなら、自宅で待機します」と言い、続けて「もし中国に行くなら、結婚しなければならない」と、その理由を述べた。すると事務官は、「君はすぐ派遣されることになるだろう」と答えた。私はキップを訪ねて相談し、その晩は市内に泊った。

派遣先は日本に変更される

翌日の午後家へ帰ろうとジャージーシティ駅に行くと、昨日の事務官が来てこう言った。

「ニュースを知らせに来た。君の派遣先は日本に変更されたよ！」

私は驚きのあまり言葉が出なかった。ようやく口がきけるようになって、

「私がしつこく望んだから、そうなったのではないといいんですが」としどろもどろに言うと彼は答えた。

「いや、それはまったく関係ない。ほかの理由からだ」

そのとき私は、D・B・シモンズ博士夫妻が伝道局を辞任したため、ブラウン博士がその代わりに私を推薦してくれたことを知らなかったのだ。

家に帰って母に任地が変わったことを話すと、母は、私がこれまでの友人や知人が誰も

いない見知らぬ国に変更されたことを悲しんだ。しかし私としては、友人たちを愛し尊敬しているものの、一人で赴任するのを悲しむことはなかった。

聖書を開くと、「わたしは、あなたをこの民と異邦人の中から救い出し、彼らのもとに遣わす。」（「使徒言行録」二六章一七、一八節）の聖句が目に入った。それは主がパウロに与えられた任務であり、新たに私の上に下されたものであった。それがあたかも天から聞こえた声のように、はっきりと聞き取れたのである。

それは一八六一年一月三日のことで、私はただちに母国から旅立つための準備を始めなければならなかった。そこでこの機会にヴァージニアのリンチバーグに行って、その近辺に住むおじやおば、二人の弟と、妹に別れを告げることにした。

こうして私は弟を伴ってはじめての南部への旅に出かけ、トレントン、フィラデルフィア、ボルチモア、ワシントン、アレキサンドリアを通って一月半ばにリンチバーグに着いた。そこには親戚の一団が待っていた。教会では第一長老教会の牧師であるジェームズ・ラムジー博士が病気だったため、私が代って何回かの聖日説教を行った。間もなく北に向かう予定の私は、告別の思いをこめて説教した。

花嫁候補

その晩、思慮深いジェーン・キニアおばが私にこう言った。

「結婚せずに出かけて行ってはいけませんよ」

「でもそのつもりです。一緒に行ってくれる人が南部で見つからなければ」

と私は答えた。人並みに目を見開いていたつもりなのに、まだ候補者もいない。するとおばは、「あなたの見る方角がちがっていたのよ」と言って、私の向かうべきところを教え、いわゆる「いとこ」という数人の遠い親戚の名前を挙げた。

その中に、キニアという名前があった。そういえばむかし父がまだ若いころアイルランドから船でアメリカに渡ってきたとき、乗り合わせた仲間にアンドリュー・キニアという人がいたと聞いていたので、その名前には親しみがあった。不思議なことに、おばが最後に挙げた候補者の一人がそのアンドリュー・キニアのただ一人の子であった。アンドリューはその子がごく幼いときに死亡し、その子の母親も間もなく亡くなったという。娘は父親の姉であるおばのスーザン・ウィズローに育てられることになった。彼女には実子がなかったので、もう一人夫の姪も引き取り、姉妹として育てたという。二人の養女は生涯むつまじい姉妹として過ごした。

このキニアという若い女性に会ったことのある私の弟にたずねると、とても感じの良い人だというので、私たちは彼女の住むロックブリッジまで二日間の旅をすることにした。ロックブリッジという地名は、この郡にある石灰岩でできた天然の橋に由来する。

さて私たちは、その女性と特に親しいクリスチャンのいとこと一緒に、二月七日ころ出発し、ひと晩をその橋のたもとで過ごした。

川を定期船で下ったこの旅の美しくも異様な光景は忘れがたい。水路にはしばしば大混雑が起こり、道路を馬で走るライダーの角笛の音がたえずこだましていた。橋を形づくる天然石の巨大なアーチのみごとだったこと。ホテルは心地よく、薪ストーブのやさしい炎、寝室に並べられた二つのベッドなど、数々の思い出は記憶の中に楽しく収められている。

私たちは古めかしい四頭立ての駅馬車に乗ってレキシントンの町に入った。大学や陸軍学校や教会の尖塔などが建ち並ぶ町を眺め、それから山の背を越えて次の町に入り、いとこのダヴィッドソンの家にもうひと晩泊まった。三人の若い娘たちと、大らかで人柄のよさそうな父親のもてなしを受けた。

翌日、ようやくティンバーリッジのタムソン博士の家に着いた。博士はニューヨーク州の出であるが、結婚してヴァージニアに定住。息子が数人と、娘が一人いた。このホレイショー・タムソン博士は二つの教会の牧師を兼任していた。独立戦争のときの名所となった古い石造りのティンバーリッジ教会と、そこから一二マイル離れたオールド・プロヴィデンス教会である。

二月十日、私たちはぬかるんだ泥道を通ってプロヴィデンス教会の礼拝に間に合う時間に着き、その晩おそくなってから一〇マイルほど離れた新プロヴィデンス教区のブラウンズバーグに向かった。私は博士と一緒に一頭立て二輪馬車に乗り、彼の息子と私のいとこは馬で同行した。こうした移動手段はヴァージニアのその地域ではごく普通だったが、私には珍しかった。

道中の会話は自然にこれから訪ねようとしている若い女性の生い立ちが主題となった。博士はその人の魂の後見人という立場にあり、父親が信仰の深い人であったこと、彼女はペンシルヴァニアのノリスタウンでよい教育を受け、クラスで一番の成績で高校を卒業したことなどを話してくれた。それはちょうど私が大学を卒業した年にあたる。校長の娘のアンナ・ラルストンもクラスメートだったという。こうした学友たちやミス・グリアーとかいう人とはその後私も会うこととなり、オークランド・インスティテュートという彼女たちの美しい母校で暖かいもてなしを受けた。この学校はその後ローマ・カトリックの手に移った。

ブラウンズバーグに着いたのは夜も遅くなってからだった。玄関で名前を告げると、当の女性はちょうど寝室に引き上げようとしたところだった。階段の上で人声を聞いて心をさわがせ、「あの男性は何のために来たのだろうか?」と問いながらひざまずいて祈ってから下に降りてきたという。

それぞれの紹介が終わって年長の者たちの会話が始まり、私もそれに加わっていると、私のいとこや若者たちのあいだでは楽しそうなおしゃべりがはずんだが、間もなく床につく時間となった。若い仲間たちに寝室に案内され、私はあかあかと燃える火や心地よさそうな二つのベッドを見て、「すてきなおもてなし」とか「気持ちよさそうだな」とか精いっぱいの感謝を表したつもりだったが、あとで聞くと当の彼女にとっては「当たり前のコメントばかり」で、特に心に響かなかったそうである。

翌日、年長者は神学上の議論を、若者は他愛ないおしゃべりをして――といっても私はあまり加われなかったが――時はまたたく間に過ぎていった。夜になると二人の孤児、すなわちこの気立ての良いスーザン・ウィズローおばに育てられた母のない若い娘たちは、アンクル・ビリー（家族の中ではこう呼ばれている）もさそってゲームをしようと言いだしたので、みな皿回しなどのゲームを心から楽しんだ。

次の日の昼前、博士はそろそろ帰ろうか、と言ったので私は狼狽した。結局みんなで相談して、博士にもう一日とどまってもらうよう頼むと、彼は快く同意してくれた。

ここでようやく宣教師の仕事について話しあう機会が与えられ、私はちょうどそのころ読んだH・B・ストウ夫人(4)の最近作『牧師の求婚』を話題にした。私はあらすじを覚えていたのでその中の表現を使ったりしながら熱心に話し、興味深そうに聞いている彼女に大いに訴えたつもりだったが、それはあとで慎ましく否定されてしまった。

おかしな話だが、私は一生のうちに小説なるものは数冊しか読んでいない。『牧師の求婚』のほか『ジェーンおばさんの英雄』『オッド・オア・イーヴン』（どちらもイギリスの青少年向けシリーズの作品）、『スコットランドの指導者たち』『レ・ミゼラブル』ほかマリオン・ハーランドの初期の作品など。それからスコットの叙事詩『湖上の美人』の断片や『アンクル・トムの小屋』ディケンズの『ピックウィック・ペーパーズ』などがいま思い出す作品である。どの分野にしろ、文学作品はあまり読まなかった。ポーラック、ヤング、ミルトン、タッパーなどの作品は好きだった。

若いころに読んだものにはアメリカの歴史の話や、ワシントン、マリオン・プットマンなどアメリカの将軍たちの伝記や、ノルティの『オランダ共和国の台頭』などがあるが、これで私が読んだもののすべてである。書物をあまり読む機会がなかったのは残念だが、いつも忙しすぎてその機会がなかったのだ。

一方、私の大切な聞き手は、小説などの文学作品が大好きで、私の話に興味を見せてくれた。実は到着した夜に初めて会ったときから、この人こそ主が私のために選んでくださった人だと確信したのである。その確信はどこから来たのか？

大きかったのは、二月最初の聖日礼拝でラムジー博士が私のためにしてくれた価値のある説教である。私はその日の夕べに別れを告げることになっていた。博士は生まれながら、あるいは神の恩寵によるのか、非常に霊的な魂の持ち主で、その朝はちょうど病の床から起き出たばかりだった。

従順であること

その日の聖句は「（主は）裁きをして貧しい人を導き　主の道を貧しい人に教えてくだ

さいます。」（「詩編」二五編九節）である。牧師はまず一般的に、人は導きを必要とすることを説き、続いて人生において特に難しい問題である結婚についての話に入った。そして実際問題として唯一の条件は、従順さ、つまり導かれることを喜ぶ心であると言った。これは難問として私が抱えていた問題の根幹をゆさぶった。私は理想ばかり高くて、妻となる人に多くを求めすぎていたのである。

それまで私が考えていた条件の一つは、家族の世話をする能力があることだった。私の人生計画では、子どもたちに正当な賜物を授けることができなければ、子どもを持ってはならないとしていたからだ。そのほかに求めた条件は、音楽の知識や人を教育する能力などだった。

しかしその説教を聞いて私は、「そうだ、主の御心のままに、教えられた道を喜んで生きればよいのだ」と思うようになったのである。こうした心の準備ができた上で、あの若い女性に会ったのだった。彼女はとりわけ魅力的というほどではないが嫌な感じがまったくないので安心し、神にすべてを託して祈り、満足した。そして祈りを繰り返すうちに心からの満足を覚えた。

いまや問題は、いかにしてこの決意を成しとげるかであった。当の本人はすでに何かを感知し、近づいてくるものをかわそうとしている様子であった。応接間のピアノの傍でほんの一瞬二人だけになったとき、彼女は私が何か言いそうなのを察知して自分の時計を引き出した。それで私は、もう引き下がるときだと感じたのである。

翌日の昼、別れ際にスーザンおばや、いとこのコニーなどはみなそれぞれ「お元気で」とか「気をつけて」などの挨拶を交したのだが、この人は目も上げず、記念になるものをいただきたいという私の求めにも応じなかった。こうして私たちは別れた。

帰りの馬車の中で私はタムソン博士に思いを打ち明けた。博士は彼女の教育やそれまでの精神生活についていろいろ話してくれたあとで、「あの人はあなたのいとこに関心があるように見えたし、いとこもそうなのではないか」と言った。私は「いや、そんなことはない、いとこの期待は別の女性にあるのを知っている」と受け合った。

その夜ティンバーリッジに着いて、私はどうするべきかと激しく悩み、翌朝いとこに、このままの状態で帰ることはできないと言った。いとこは、もし私がプロポーズして断られたらひどく傷つくだろう、実際にその公算が高い、と思っていたそうである。

そこで私はタムソン博士に相談し、もしプロポーズしたら相手の女性は傷つくだろうかとたずねた。すると博士は言った。「どんな女性でも男性からプロポーズを受ければ名誉に思うだろう、ましてやそれが牧師とか宣教師ならなおのことだ!」

私は感謝してその言葉を受け、博士の馬を借りてブラウンズバーグに向かった。フェアフィールド街道からブラウンズバーグ、レキシントン街道まで、何マイルもの森林地帯をぬけてギルボア山を越える長い道のりである。実を言うと私は初めての乗馬を経験しながら、この特異な最初のミッションを果たそうとしていたのである。ヤコブがパダン・アラムへの道を通ったとき(5)と同じように、私も神の導きと助けを切に求めていたのだった。

「主に喜び迎えられる」

そのあいだ私が口ずさんでいたのはソロモンの言葉だった。「妻を得るものは恵みを得る。主に喜び迎えられる。」（「箴言」一八章二二節）。この後半部分がそのとき強く頭に残っていて、心からの祈りになったのである。

このように祈りながら旅をしたのは、むかし母が病気のとき必死の祈りを捧げながら夜道の旅をして以来のことだった。午後おそく、ようやくブラウンズバーグの町に入った。乗馬はうまくいったが、肝心な目的が達せられますようにと願いながら。

なじみになった玄関の前で馬を降り、ドアをたたいた。すると当の本人がドアを開け、にこやかに迎えて「この町がお好きで戻ってきてくださり、ほんとうにうれしいです」と言った。

私はただちに居間に通された。そこには羊の皮で縁取りされた椅子にウィズローおじが座っていて、意味ありげな笑みを浮かべていた。いとこのキャリーが見えなかったのでたずねると、今夜は泊まりで出かけているとのこと。私はそれでいっそうくつろいだ気分になり、彼女を求めてここにきたことを気楽に話せるように感じた。

その晩応接間で、私が戻ってきた理由をいよいよ本人に話す機会が与えられた。最大の気がかりは、私がこのように異常な行動をとったので、当人がまったく心の準備をしていなかったのではないかということだった。

ところが意外にも「私もむかし外国に行く宣教師になりたいと思ったことがあるのです」と言ったのである。でもヴァージニアに戻ってからはそれを実現する方法がわからず、あきらめていたそうだ。私はそれを聞いてどんなに驚き、喜んだことだろう。彼女には多くの求婚者があった。つい最近にも、かなりの財産家からの話もあったと聞く。私と宣教に行くことについては「あなたのお人柄がよくわかりましたので、これからおばと相談して決めるのがよいと思います」と答えた。

間もなくおばが入ってきた。おばは、「この人がほんとに幼いときから世話してきたんですから」と話し、もう今は喜んで当人たち二人と、主におまかせすると言った。

ヴァレンタインの朝の贈り物

翌日の二月十四日の朝、ちょうどヴァレンタインの日に私は妻となる人の承諾を得たのだった。彼女はあの日の朝、詩編の次の言葉に衝撃を受けたという。

「娘よ、聞け。

耳を傾けて聞き、そしてよく見よ。

あなたの民とあなたの父の家を忘れよ。」（「詩編」四五編一一節）

さらにその翌日、私は心も軽くレキシントンに馬を走らせ、私のいとこたちや、馬を連れ戻すために来てくれた牧師の息子に結果の報告をした。そこでは、デヴィッドソン家の聡明ないとこたちと愉快な夜を過ごし、十五日にリンチバーグへの帰途についた。出発以来、なんと毎日がすばらしい出来事の連続だったことか！

このあと私はまたブラウンズバーグに戻り、こんどはかの女性と一緒にリンチバーグに行っていとこのマーガレット（ハミルトン・ボイド夫人）と相談して、嫁入り支度を整えることになった。きれいで快適ないとこの家を訪問するのは楽しかった。そういうわけで、北のわが家に戻ったのは二週間ほど後のことだった。

思えば不思議な気がするが、あのとき私たちの幸せを祝ってくれた年配の親族で、今も健在なのはスーザンおばとボイド夫人だけである。ラムジー博士とタムソン博士はじめ、その年代の方々はもうとっくに天に召され、「聖なる館」に眠っておられる。

さてそれからは親友のキップや伝道局や、友人たち、親戚に「計画の変更」を知らせるのに忙しかった。

結婚

結婚式は五月十五日、エベネジャー・ジャンキン牧師とH・タムソン博士の司式で、ニュー・プロヴィデンス教会で取り行われた。H・ボイド夫人と私の弟のウィリアムがリンチバーグから来て出席してくれた。

その結婚式のため、私は北のニュージャージーのわが家を五月七日に出て、神学校の友人のH・H・ホーズと共にヴァージニアの谷をバギー（一頭立て二輪馬車）で南へ下った。南北戦争の戦闘がすでに始まっていて、(6) ワシントン経由の南部行きの鉄道や、ヴァージニアやテネシーへの鉄道は使えなくなっていたのである。私はブラウンズバーグにちょっと寄って、そこから運河でリンチバーグに行った。ロイド氏と弟は私と一緒にロックブリッジの谷に戻ったが、道中はなかなかたいへんだった。

教会はグレイの服を着た兵士（南部の兵。北部はブルーの服）でいっぱいだった。もし私が外国へ行くのでなければ、北へ戻ることは許されなかっただろう。私たち一行は家族馬車で教会を出て二八マイル先のスタントンに向かい、ここで最後まで残った妻の親族、キャリーと別れを告げた。キャリーは今でも誠実な姉妹で、連絡係を務めてくれている。

それから私たちは午後の乗合馬車でハリソンバーグ、ウィンチェスターを通り、メリーランドのヘーガーズタウンまで行き、そこで二日目の夜を迎えた。最初の夜は兵士や旅行者であふれた乗合馬車の後部座席で過ごしたのである（ほかの乗客に女性はいなかった！）。私はハーパーズフェリーの司令官であるトーマス・I・ジャクソン大佐宛ての紹介状を持ち、旅行を差し止められた場合に備えていたが、幸いその必要はなかった。

それから何年、私たちがまた谷を渡るまでに、あの平和な谷がどのような光景を見たのか想像もつかないが、もう悲惨な戦いが終わり、一面では前よりも繁栄しているように思えるのは心休まることである。

話を戻そう。翌日私たちはペンシルヴァニアの州都ハリスバーグに立ち寄ったりして過ごし、その晩ニューヨークの五番街ホテルに着いた。翌日妻には何人かの訪問客があり、その夜おそく私たちはテナフライの石造りの家に到着した。出航まで二週間足らずの夕べは、ニューヨーク市やその近郊の友人を訪ねているうちに飛び去ってしまった

キップと私のための送別会は、五番街二九番ストリートの協同教会で開かれた。そのとき自分が何を話したか、ほとんど覚えていないが、キップが「みんなのために働かなければならないときに自分が出発するのは残念だ」と嘆いて、「もし呼んでくればきっと戻ってくる」と言ったのはよく覚えている。私はそんな宣言はしなかった。

南部へ行くに当って、私はそこに勾留されるのではないかと案じたが、自分の国に対して武器をとることはできない、もし必要とあれば看護師として奉仕しようと決心していた。幸いこれも不要な心配だった。いとこたちは両方の側の軍隊に入ることになったが、負傷者は出たものの、戦死した者がいなかったのは感謝すべきことであった。ただ、戦闘がもとで病気になった者は一人あった。

六章　注

（1）原文ではバラの思い違いで「北京のW・J・マーチン」となっているが、本文では訂正して正しい情報を載せることにした。

（2）D・B・シモンズ（一八三四―一八八九）のこと。米国オランダ改革派教会の宣教医。一八五九年五月にS・R・ブラウン、フルベッキと共に、妻を伴ってニューヨークを出航、上海に寄港したのち、十一月にブラウンと一緒に横浜に上陸し、成仏寺に近い宗興寺に居住した。しかし翌年ミッションを辞任して宣教活動を停止、その後は医者として日本で活動を続けた。横浜十全病院に勤務して後輩の指導にもあたり、近代医学を日本に紹介するなど大きな功績があった。一八八〇年（明治一三）勲五等双光旭日章を受章。

（3）G・H・F・フルベッキ（一八三〇―一八九八）のこと。米国オランダ改革派教会の宣教師。オランダ出身でアメリカに移住し、一八五九年にオーバン神学校を卒業するときオランダ改革派教会の宣教師に選ばれ、その直後の四月にマリア・マンヨンと結婚、五月にS・R・ブラウン、シモンズと共にニューヨークを出航した。上海に一時寄港ののち長崎に上陸し、長崎英語伝習所（済美館）、蕃学稽古所（致遠館）で英語、政治、経済などについて講義した。一八六九年（明治二）明治政府より大学設立のために出仕するようにとの通達を受けて上京。開成学校の教師を勤めながら学校の整備を行い、東京大学の前身となる大学南校の設立に尽力した。また、上京後、欧米視察のため使節団を派遣することを進言（ブリーフ・スケッチ）、これは明治四年の「岩倉使節団」として実現した。

（4）ストウ夫人　ハリエット・ビーチャー・ストウ（一八一一―一八九六）アメリカの女流作家。代表作である『アンクル・トムの小屋』は、一八五一年六月から翌年の四月にかけて、奴隷制度廃止論を唱える機関誌の一つ『ナショナル・イアラ』に連載された。反響は大きく、まだ連載中の一八五二年三月に単行本として出版されると一年間に三〇万部が売れ、奴隷制度廃止の世論を盛り上げたと言われる。作中には聖句が多く引用されており、バラも学生時代にこの作品を読んで影響を受けたことが想像される。日本では少年少女向きの読み物として種々のダイジェスト版で有名であるが、原作は翻訳本で五〇〇頁を超える大作である。『牧師の求婚』は一八五九年の出版で、奴隷制度廃止を唱える主人公の牧師は実在の人物とされており、ちょうど神学生として結婚を考えていたバラは大いに興味を惹かれたであろう。これも五〇〇頁超の大作。

(5) パダン・アラム　『旧約聖書』のヤコブ物語の一場面。「創世記」二八章一節以降。「イサクはヤコブを呼び寄せて祝福して、命じた。『お前はカナンの娘の中から妻を迎えてはいけない。ここをたって、パダン・アラムのベトエルおじいさんの家に行き、そこでラバン伯父さんの娘の中から結婚相手を見つけなさい』」

(6) 南北戦争（一八六一年四月―一八六五年四月）。奴隷制度の存続が主な争点となって起こったアメリカ合衆国の内戦。新たな州に奴隷制度を広げることに反対するリンカーンが一八六〇年に大統領に就任すると、当時三四州から成る連邦から南部の七州が離脱し、南部連合を結成した。それを認めない北部とのあいだに戦闘が始まるとさらに四州が離脱、南部一一州が北部二三州の連邦軍と戦うことになった。戦闘は一八六一年四月十二日の南軍によるサムター要塞（サウス・カロライナ州）の攻撃から始まった。最初は南軍有利に展開したが、一八六三年のゲティスバーグの激戦で北軍が勝利してから北軍が優勢となる。この地でリンカーンが行った「ゲティスバーグ演説」の一節「人民の、人民による、人民のための政府」は、民主主義の理念を簡潔に表すものとして名高い。リンカーンは一八六四年、大統領に再選。一八六五年四月九日、南軍のリー将軍は北軍のグラント将軍に降伏して事実上戦争は終わる。しかしリンカーンはその直後の四月十五日に暗殺された。北部の勝利の結果奴隷解放は実現したが、黒人差別の問題はそのまま残ることになった。なお、バラ夫人がアメリカを出航してから日本滞在初期までに書いた日記や手紙をまとめた『古き日本の瞥見』によると、この戦争のために日本への郵便船が途絶え、来日早々のバラ夫妻は非常に淋しく心細い思いをしたようである。日本到着後最初の便りを受け取ったのは、本国を出航してから一年後であった。

七章　日本に到着

一八六一年五月三十一日、私たちはシュラーレンバーグ教会で母国での最後の聖日礼拝を守り、翌六月一日の早朝、九時か十時の出航に間に合うようシティーに向けて出発した。母は日曜日をシティーで過ごし、私たちを出迎えるため、親戚である協同教会学校のヘンリー・W・ダンシー氏と一緒に船に乗っていた。弟や妹たち、ロングアイランドの三人のいとこも、湾の入り口の海峡まで見送るために乗船していた。

家に残っていたのは父だけだった。父は私との別れを、誰よりも深刻に受け止めていたのだ。私としても、それまで家にいることが多かったこともあり、家族を離れて外国に行くことが果たして正しいのかと、真剣に悩んでいた。人はたとえこの世で命を失っても、あるいは主イエスのために犠牲にしても、（永遠の）命を得られることは、やがて結果で示されるであろう。主は私を、家に留まるより外国に行ったほうが永続的に家族を支えることができるよう、導いてくださったのだ。

ダンシー氏が餞別の言葉として贈ってくれた「出エジプト記」の聖句は、およそ私たちのおかれた状況とは反対のものだった。

「主が、『わたしが自ら同行し、あなたに安息を与えよう』と言われると、モーセは主に言った。『もし、あなた御自身が行ってくださらないのなら、わたしたちをここから上らせないでください。…』」（「出エジプト記」三三章一四―一五節）

それにちょうど対応するのが、上海《しゃんはい》に着いたときに会ったブーン司教の言葉である。私たちはその後日本に行く機会を待つあいだ、そこにひと月ほど滞在した。繰り返し司教が言ったのは、「忍耐が必要ですよ！」という言葉だった。そのときはあまり心に響かなかったが、のちにその意味が身にしみたのである。「神の御心を行って約束されたものを受けるためには、忍耐が必要なのです。」（「ヘブライ人への手紙」一〇章三六節）

中国への船旅

私たちの乗った船は「キャセイ号」で、ニューイングランド出のストッダート船長は、なかなかの紳士だった。ストッダート夫人は船客として、上海で商売をはじめる若い息子のライマンと同船していた。

キャセイ号の乗客には、ナイという夫妻と二人の子どもと姪がいた。それから山羊のように小さな足の中国女性が一人と、上海にいる友人のもとに行くという婦人が一人。あとは宣教師で、二人のベテラン宣教師ドーティ氏、およびマックロイ博士夫妻と数人の子どもたち、福州に向かうメソジスト監督教会の若い夫婦、寧波《にんぽー》の長老派教会に向かうサムエル・ドッド師、友人のキップと私たち夫婦であった。一級船員のレンネルはじめスタッフはみな紳士的で親切だった。

船では毎日の礼拝や聖日礼拝が守られ、読書会も行われた。乗客が自分たちで新聞を作り、『シー・チェスト』と名づけて時折提供してくれるのが楽しみだった。南北戦争の成り行きや本国の状況は最大の関心事で、常に話題の中心となり、特に七月四日の独立記念日を祝ったときには盛り上がって、キップは演説を始めたほどだった。

最初に見えた陸地はジャワ岬。八月二十四日のことで、海に出てから八四日目だった！堅い地面が見えたのは、ともかくうれしかった。このとき竜巻が起こって船尾の横を通り過ぎていった。美しいが不気味な光景で、船乗りには大いに恐れられている現象だ。

私たちはジャワ島西端の町アンジールに上陸し、オランダ総督夫妻の暖かい歓迎を受けた。大きなココヤシの木を眺め、おみやげにその実をたくさんもらった。これまで味わった果物の中で、最高の味だった。それから、バナナやジャワチキンも贈られた。

次の上陸地は厦門。そこでドーティ氏と親友のキップとは別れることになる。私の二九歳の誕生日がきて、「日用の糧」である小型の聖書と一篇の詩を贈られ、忘れがたい日になった。それらは妻の持ち物となり、いまでも役にたっている。

主に祝福された地

厦門で私たちはジョン・V・N・タルマッジ博士夫妻と、仲間のラペルジアとオストロムに会った。オストロムとは一緒に教会の礼拝に行く機会があった。その教会では、むかしオランダ教会が本国でそうしていたように、年配者が講壇近くの高い席に座っていた。礼拝は聞きなれない言葉で行われたが、霊的な祝福の気に満ちていた。私はイサクのように、そこが「主に祝福された地」という香気を発しているように思えてならず、自分がその後継者となることができないのを残念に思ったりした。

ここでストロナック兄弟と、二人駐在しているイギリス長老派ミッションの宣教師の一人に会った。もう一人のマクスウェル博士はそのとき台湾に行っていた。さらに私たちは不思議な天の配慮によって、台風のために戻ってきたカルバートソン一家に会った。カルバートソンの上の娘のヘレンはその後有能な宣教師となり、かつキップの妻となったのである。お別れの礼拝と会食はストロナックの兄の家で行われ、私たちは上海へ発った。

海から川を上っていくと、茶色く黒い中国の岸辺はなんとも魅力に欠ける。松の生い茂る日本の海岸や、カリフォルニアの緑の草地に覆われた丘とは対照的である。山の峰の連なりを過ぎて上海に入る。揚子江の泥水はとても魅力的とはいえないが、大都市上海はその奥に堂々と控えていた。

当時イギリス租界の北側の虹口《ほんこう》側(1)には、外国のビルがようやく建ちはじめたところだった。ここにはアメリカ監督教会のミッションハウスが何軒かと、ブリッジマン博士の住居があった。私は博士の家の食卓で、ソウル・カレッジの卒業生のユン・ウィンに会った。ここには小さな監督教会の礼拝堂がある。私はここで「少しばかり残った教会堂のレンガ」で建てたという立派な宣教師館の話を初めて聞いたのだった。

現地人の住む町の南側の通りには、長老派宣教師のファーン・ラム氏夫妻と、南メソジスト教会のカニンガム氏、バプテスト派のクロフォード博士夫妻が住んでいた。ラム夫妻とクロフォード夫妻は、今もそこに住んで仕事に励んでおられる。

アメリカ監督教会宣教師のケイス夫妻は、私たちに宿を提供し、親切にもてなしてくれた。そのときの好意に応えて、私たちはケイス夫人が病をえて帰国するとき、成仏寺で療養の手助けをすることができたのだが、夫人は本国に着くと同時に亡くなった。続いてケイス氏もパナマ行きの船に乗っていて火災にあい、不慮の死をとげたのである。そのとき彼は死を覚悟して乗客をなだめ、救助される人の背に幼児を結わえつけて命を救ったという話が伝えられている。

上海にはまた、若い宣教師のエリオット・H・タムソンと、ミス・コノーヴァーという人がいた。タムソンはそのミッションの以前の執事長で、最近中国に戻ったところだった。

厦門や上海の現地人の住む町については、あまり語りたいと思わない。「偶像を祀った家」や、病気を追い出すための騒々しい奇術まがいの礼拝についても同様である。

あるとき静かな息抜きの場を求めて田舎道を歩いていると、木の茂みがあった。しかし近づくとそこには小さな家が密集していて、村人が群がっていた。ぬかるんだ道に、荷物を運ぶ人たちの大声が響く。現地人の住む町や、壁で囲まれた町の道路は一様に道幅が狭く、汚れて不潔だった。そんなさまを見て、私はもうすぐここから逃れられるとほっとしたものだ。中国で最初の三年の任期を過ごすより、日本で過ごしたほうが、どんなに恵まれていたことか。私の運命がこんなにひどい環境に置かれることがなかったのを心から感謝する。

日本に向けて

日本への船旅は、「アイダ・ロジャース号」という一九六トンの小型船に乗って始められた。乗船しているのは、船長と船長の友人夫妻、そのほかの乗客は私たち夫婦と、メガーズ・ベンソンとマークスだけ。この二人はこれまで日本にいたか、少なくとも行ったことのある人たちだった。マークスはユダヤ人で、それまでオーストラリアに住んでいたということだ。

この小さな船では、およそ航海というもののあらゆる経験をさせられた。船長は慢性の下痢を患っていて、私たちは保存用のミルク（びん詰めのヨーグルトのようなもの）を提供し、役に立つことができた。また日本から来た乗客が持っていた蒸し焼きにした梨は、船酔いに苦しむ妻には最高の贈り物となった。妻と船長の友人の奥さんは、喜んで雑用を引き受け、さまざまな仕事を手伝った。

船は鹿児島湾南の大隅海峡を通った。西側には火山の噴火による円錐形の岩が突き出し、南側には硫黄島やそのほかの火山性の岩山がそびえていた。

十一月七日、船が北東の方角に進んで紀伊水道の沖に来たとき、強烈な台風が襲来した。船は船首を海に向けるため、帆を小さくたたみ、私たちはその下で終日身を縮めていた。

詩編一〇七編

さらに恐ろしかったのは船がちょうど浅瀬にかかっていて、船長が言うように、いまにも座礁する恐れがあったことだった。妻は床から起き上がることができず、私もその傍に座って荒れ狂う海を見守るほかなかった。何か食べようという気も起らない。私の頭の中には「詩編」一〇七編の絵のような嵐の光景がいっぱいに広がっていた。

「主は仰せによって嵐を起こし
波を高くされたので
彼らは天に上り、深淵に下り
苦難に魂は溶け
酔った人のようによろめき、揺らぎ

どのような知恵も呑み込まれてしまった。」

私はクラスメートのワトキンスの運命を思った。もし我われも彼と同じ運命をたどるとしたら、教会や伝道局の悲嘆と損失はどんなに大きいだろう。また私自身も、主に対する責任を何一つ果たすことができなくなる。その絶望感は耐えがたく、もし無事に陸に着くことができたら、この身を神のご用のために捧げます、と懸命に誓った。すると詩編の聖句は文字通り成就されたのである。

「苦難の中から主に助けを求めて叫ぶと
　主は彼らを苦しみから導き出された。
主は嵐に働きかけて沈黙させられたので
波はおさまった。
彼らは波が静まったので喜び祝い
望みの港に導かれて行った。」

強い風は翌日いっぱい吹き荒れたが、船は翌々日には早くも大島と伊豆諸島を過ぎ、十一月十日、日曜日の午前中に小田原湾に着いた。それから船はまた岸を離れ、江戸を目指して東に向かい、穏やかな秋日和の一日、江戸湾の入り口付近を往き来して良風を待った。十一日の夕方、ようやく船はクロス・ビーチ、すなわち横浜の反対側の崖「マンダリン・ブラフ」の北側に錨を下した。するとリチャードという人が、自家用のボート数隻と共に迎えにきてくれた。彼はS・R・ブラウン夫人からのメモを預かっていたが、乗船仲間のベンソン氏が町じゅうを案内しながら医師のシモンズ氏宅まで連れていってくれた。そこで短く挨拶を交わし、今度はラファエル・ショーザー氏の家に案内されて、ブラウン夫人と会ったのである。

そこからは屋根のある夫人の自家用ボートで神奈川まで渡った。船を降りて、かの有名な東海道を数ブロック歩くと、役人の警備する成仏寺の門の前に着き、境内に入った。

成仏寺

この寺の本堂にはJ・C・ヘボン博士が住み、隣接する庫裏にはブラウン博士一家と、ブラウンたちと一緒に来た自給宣教師のミス・アドリアンスが居住していた。ヘボン夫人はアメリカに一時帰国中だった。私たちはヘボン博士に暖かく迎えられ、アノペン・フランクリン博士と共に本堂に住むことになった。十一月の夜の冷え込みに薪ストーブの火が暖かく、うれしかった。このときブラウン博士もまた、言語学習の手引書〝Colloquial Japanese〟（『会話日本語』）出版のため上海に行っていて留守だった。

ブラウン氏が帰日するとすぐ、メフォス・ロウダー、ロバートソン、サトウ、イギリス公使館員の学生通訳などが、ブラウンに教えを受けるためにやってきたのをよく覚えている。ヘボン博士は宗興寺での医療活動のほかに、言語辞書の編纂に励んでいた。

私が最初に神奈川のあたりを歩いたのは、町から遠く離れた小高い丘にある一本松(2)までだった。帰り道、ここは勉強のためになんとよいところだろうと、すっかり満足したのを思い出す。ところが、ああ！　これは期待だけで、実現せずに終わってしまった。それは私自身の過ちもあるが、時の流れで頻繁に住居を変えなければならなかったためである。それと伝道局が、早期に宣教師館を提供できなかったことも一因であった。

最初の日本語教師

私の最初の日本語の先生は、僧侶のように頭を剃った寺医の矢野隆山氏だった。はじめ彼は初代のアメリカ公使タウンゼント・ハリスの要請により、幕府の老中の斡旋でブラウンのもとに派遣されていた。しかしブラウンは豊富な中国語の知識を必要とし、矢野にはそれが十分でなかったので、ミス・アドリアンスに回されていた。それからまた私の日本語の先生になったのである。

矢野氏は日本についてのいろいろな話をよく語ってくれた。特に仏教の諸宗派の違いにくわしく、私にとっても面白いテーマだったので、手帳に書き留めているうち仏教や神道の儀式についてのメモが二冊もできた。多岐にわたる、とても幅広い話だった。その上に私は、日本の国の区分や大名の名前、その領地や階級など、大名の紳士録ともいうべきものをマスターしたのである。これも相当広範囲なものだった。

私は九州の地図を広げて、すべての城下町を調べた。しかしこの地図はイギリスの軍隊が鹿児島を攻撃したとき、友人を通してイギリスの司令官に貸し出され、そのままになってしまった。佐賀の伊万里とか長崎の島原など、訪れたことはないが、いまでもそうした名前が懐かしく感じられる。

私は横浜で英語の説教をしたり、この神奈川の寺で行われる日曜日の夕拝や週日の夜の祈祷会に出席したりしていたが、それ以外の宗教的な最初の仕事は日曜学校だった。生徒はアメリカ領事フィッシャー大佐の子どもたちと、ブラウン家の子どもたち、バロード船長の息子のハリー、中国人の少年のルーイ・フーだった。ルーイ・フーはいまでも成人した息子と一緒にここに住んでいる。

聖書の翻訳を始める

言語に関していうと、ブラウンは語彙《ごい》と文法の仕事に、ヘボンは辞書作りにそれぞれ励んでいた。私はまず聖書の仕事をしなければと思い、「ヨハネ伝」から始めることにした。矢野は中国語の聖書を使い、私は意味を説明しながら教え、一八六三年の夏から六四年にかけて翻訳をやり終えた。「ルカ伝」は次の教師のソウサクに頼り、続いて「マタイ伝」と「マルコ伝」の一部が、出来上がった。それはヘボンとタムソンと私とが、共同で「マタイ伝」の翻訳を始める前のことだった。共同翻訳は終了まで九ヵ月かかったものである。

ところがヘボンは一人で「マルコ伝」を訳し、アメリカの歯科医師ジョージ・エリオット博士が費用を負担して、木版で出版してしまったのである。

私が「ヨハネ伝」の翻訳を始めたのは、その真理を先生（矢野）に教えるためであった。彼の病が重くなった最後の時期、その一部でも彼自身が翻訳したものを読み聞かせることができたのは、とてもうれしいことだった。

矢野隆山は一八六五年十二月初めに死去した。(3) 彼が信仰に目覚めたのは、聖書の言葉を理解したことと、彼のために共に祈ったその祈りによる。非常に特殊な状況のもとにおかれて、私は初めて日本語で祈ったのだった。

それは私たちが横浜に移ってからのことだった。そのころ現在教会の敷地となっている横浜居留地一六七番には二つの小さな家が建っていて、日本人通訳が住んでいた。私たちはその一つを借りたのである。先生は健康を損なっていたが、私に授業をするため神奈川の自宅から毎日通ってきていた。

初めて日本語で祈る

ある日私は、先生に対して自分の義務を果たしていないことに突然気づいた。つまり、私たちは神の言葉に関わる仕事に取り組んでいるのに、神の導きと祝福を求めていなかったのである。私は先生にそのことを話し、神に助けを求めようと提案した。先生が同意したので、私たちは奥の部屋にこもり、襖《ふすま》を閉めた。二人でそこにひざまずき、私は（日本語で）祈った。どういう性質の祈りだったか思い出せないが、いまこそ神に近づく新しい道が開けた、いわば天国への扉が開かれたという強烈な印象を持ったのをはっきりと覚えている。先生も大きな感銘を受けた様子だったので、うれしかった。

その後宣教師の会合でヘボンに会い、彼の日課である午後の散歩につき合いながらこの新しい経験、新しい出発の話をした。彼は心から祝福してくれた。

（訳注　矢野隆山はその後すぐ洗礼を志願し、家族の同意も得て十一月五日にヘボンの立ち合いのもとでバラから受洗。亡くなるちょうどひと月前のことだった）

ところで、最初の宣教が成就したことで筆が走り、横浜に移る前に神奈川で起こった多くのことを飛ばしてしまった。ここでまた日本到着後の出来事に話を戻そう。

神奈川の成仏寺には中国から多くの友人が訪れた。広東《かんとん》のサムエル・ボニー夫妻、上海のチャプレーンのホブソン夫妻、寧波《にんぽー》のマッカーター博士夫妻、W・ブリッジマン夫人、ジョン・フランクリン卿夫人などである。最後の二人の夫人については、妻が自分の白黒まだらのポニー「ドナルド」と上等なアメリカの鞍を貸したことで覚えている。長く滞在したのは厦門の友人A・セストロム夫妻で、小さい息子と娘と、中国人の少年を連れていて、滞在中に二番目の娘が生まれた。

政治的な事件としては、初代アメリカ公使のタウンゼンド・ハリスが一八六二年に帰国したことだが、彼は帰国前に老中と交渉し、横浜山手の谷戸橋近くにブラウンのために教会の敷地を確保する約束を取り付けた。[4] 少なくともこれは認められ、ハリスはクリスマス・プレゼントとしてブラウンに一〇〇〇ドルを贈った。それは、日本で最初の日本人のための教会を建てるために贈られたもので、あるイギリス商人とサンドイッチ諸島（ハワイ諸島）のクリスチャンから贈られていた献金も添えられていた。

ハリスの後継者となったロバート・H・プリュイン公使は改革派教会の出身で、五〇〇ドルを寄付、それらの寄付に利子も加わった。それから私自身がアメリカで講演をして集めた二五〇〇ドルも加えられた。こうして現在の教会堂は、一八七五年七月十日に完成し、献堂式が行われた。

最初の神奈川領事ドールも帰国し、ジョージ・H・フィッシャーがあとを継いで家族と共に赴任した。息子と娘二人、岳父のマン氏が一緒で、一家は神奈川の本覚寺に住んだ。イギリス領事のハワード・ヴァイスも神奈川に住んでいた。イギリス公使のラザフォード・オールコック卿とアメリカ公使のプリュイン氏は東京に住んでいた。プリュインの住まいは麻布の善福寺だった。プリュインの息子のロバートと、マサチューセッツ州ウスター市から来た若いロバート・タムソンは神奈川にきて、私たちのもとに滞在した。そのほか、オランダ人通訳のポートマンやサンドイッチ諸島から来たJ・S・グリックという宣教師の家族も神奈川の私たちのもとに住んだ。若いフルトン・ポールもある時期滞在していった。お返しに私はハドソンにある彼のお母さんの家で手厚いもてなしを受けた。

横浜に来た一番重要な人物は、最初の長老派教会の宣教師デヴィッド・タムソン氏[5]である。ちょうどその前にヘボンが横浜に移ったので、彼はそのあとの成仏寺に入った。ヘボンは、治療を求めて診療所にやってくる日本人の患者が役人に妨害されるのをきらって、横浜に引っ越したのである。居留地三九番の土地を買い、住居と診療所兼用の家を建てた。それはいまでも残っている。彼は診療所を礼拝もできるような設計にしたので、そこで診療も続けながら、はじめは英語で、やがては日本語で礼拝を行った。

イギリス人の礼拝は、最初イギリス領事館で行われた。その礼拝は英国教会が建てられ、チャプレーンにベイリーが任命されるまで続いた[6]。

アメリカの礼拝、すなわちアメリカ人宣教師による礼拝は、最初は神奈川の成仏寺で、のちは神奈川や横浜の領事館で途切れることなく行われ、横浜ユニオン・チャーチの建物（訳注　日本基督公会の新会堂のこと。ユニオン・チャーチと共同で使用された）ができるまで続けられた。礼拝が永続したのは、米国婦人一致外国伝道協会のプライン夫人、ミス・クロスビー、ピアソン夫人ら[7]の努力によるところが大きい。

一六七番に教会堂ができるまで、礼拝はそのほかへボン診療所、ゲーテ座などでも行われた。ブラウンと私とで保有する一六七番の土地には年間わずか三〇〇ドル、現在の価格でいうと三〇〇円、すなわち一五〇ドルの賃貸料が支払われていただけだった。

これより以前、二つの重要な事柄が起こっていた。一つは私たちの最初の子ども、娘のキャリー・エリザベスの誕生である。名前は敬愛する二人のいとこからもらった。生まれたのは一八六二年六月二十六日で、九月七日、私の三〇歳の誕生日に、ブラウン博士によって神奈川で洗礼を授けられた。

医者であるヘボン博士は、経験の乏しい私たちにとって、あらゆる面での父親だった。彼が横浜に引っ越したときには家具などの備品をみな譲り受けたので、成仏寺は満杯のままであった。それから私たちは、寺の二方の側面に雨の日でも歩けるようにヴェランダを取り付けた。この寺は地震が起こるたびにひどくきしむのだが、私たちは天井が高くて風通しのよいこの家がとても気に入っていたのである。

もう一つの出来事は、神奈川から強制的に立ち退かされたことである。これは日本の当局とアメリカ当局両方からの要請だった。幕府は、江戸から公使らを、また神奈川からは領事や事務官などを追い出して、長崎の出島のように横浜の運河と橋と検問所の中に押し込めようとしたのである。公使たちはこれに抵抗して、宣教師たちに、神奈川に住み続けるよう頼んだのだ。

一方、商人たちは日本の役所から横浜に移るよう礼金をもらって土地を提供され、みなその要請に従った。横浜のほうが港に適していることも明らかだった。

ところがこのとき事情が変わった。初めて品川の御殿山に完成した新築の英国公使館が焼き討ちにあい、また善福寺の公使館の住居部分からも出火して、公使らの所持品に被害が及んだ。この二件の火災は幕府の仕業と考えられる（とバラは思っていたようである）[8]。幕府はその被害に対して金で補償した。英国公使館は日本政府の財産なので、損害賠償金を要求されることはない。

この事件によって江戸の幕府および役人たちは、外国人を襲撃するために集まっていた浪人の集団の危険を取り除くことができたのである。浪人の集団は幕府にとって脅威であり、悩みの種だったのだ。幕府は外国人に、危険が去るまで少なくとも二週間立ち退くよう要請した。

恐怖にかられた神奈川領事は、安息日の午後アメリカの軍艦「ワイオミング号」に自分の家族を乗せ、成仏寺の宣教師もその家族も立ち退くようにと迎えにきてくれたが、私たちはそれほど危険を感じなかったので家に留まることにした。

ところが翌日の朝、「ワイオミング号」の副官が私たちを護送するためにやってきた。そこでブラウンと私は公使をさがしに横浜へ渡った。そして戻ってみると、なんと彼は領事館にいたのだ。ブラウンと二人で抗議すると、公使はこう答えた。

「私も領事も退去が必要だと感じているのにあなた方が拒むとしたら、立場上よろしくないのではありませんか」

七章　注

（1）「アヘン戦争」で中国はイギリスに敗北し、一八四二年の「南京条約」によって上海を開港させられた。そこで貿易に従事するイギリス人が居住する地域が定められ、そこが租界と呼ばれた。アメリカ租界は一八四八年に設置された。

（2）成仏寺から一キロほど北の丘にある「岩崎山平尾内膳守物見の松」と言われる目印の一本松で、バラは毎朝早く散歩に出て、この松の木の下で祈るのを日課にしていた。

（3）バラの記述では一八六四年となっているが、正しくは一八六五年である。本文には訂正した正確な年代を記した。

（4）この約束は一八六四年に実現され、S・R・ブラウンとジェームズ・バラに、幕府から居留地一六七番（谷戸橋近くではないが）が、外人礼拝所建築敷地として下付された。現在横浜海岸教会が建っている土地である。二人は改革派の外国伝道会社の嘱託職員としてこの地を管理することになった。

（5）デヴィッド・タムソン（一八三五―一九一五）。オハイオ州生まれの米国長老派教会宣教師。一八六二年五月十八日に来日して成仏寺に入居した。翌月幕府の命令でバラ、ブラウンらと共に横浜に移ってヘボン邸に同居、横浜英学所で算術や地理を教えはじめた。彼は語学に優れ、間もなく日本語教師に小川義綏を得てヘブライ語の原書から旧約聖書の「ヨブ記」の和訳を開始した。一八六六年の横浜大火後、バラがヘボン診療所に仮住まいすると、バラと共に日本語と英語による日曜礼拝を始めた。一八六七年夏からはヘボン、バラ、日本語教師と共に、「マタイ伝」の和訳を開始。一八六八年三月、ヘボン邸内の診療所を買い取って山手の土地に移築し、自宅とした。一八六九年二月、小川義綏、鈴木鉀次郎、鳥屋だいの三名に、長老教会宣教師として最初の洗礼を授ける。一八七一年、休暇をかねて欧米視察団に通訳として同行。その留守に日本基督公会が成立しており、翌年日本に戻ってからは、小会堂やヘボン邸、ミッション・ホームなど各所で行われる礼拝や祈祷会を積極的に受け持ち、体調をくずしたバラを支えた。一八七三年二月、小川夫妻を伴って東京築地居留地に転居、九月二十日に築地居留地一七番Aの東京ユニオン・チャーチを借りて日本基督東京公会（後の新栄教会）を創立した。メンバーは八名で、大多数が東京に転居した横浜公会会員。超教派を標榜するタムソンが仮牧師、小川義綏が長老となった。

（6）英国国教会の最初の会堂は、一八六三年十月、居留地一〇五番に建てられた。ベイリーの横浜到着は一八六二年八月で、最初のころはブラウンが頼まれて礼拝を行っていた。

（7）この三人の婦人宣教師は、現在の横浜共立学園の前身である「ミッション・ホーム」の創設者である。彼女たちはバラの要請によって混血児救済のために来日し、日本人のための礼拝や夕べの祈祷会なども積極的に開いて宣教を行った。

（8）一八六三年一月三十一日、品川の御殿山に幕府が建設中だった英国公使館は、一般的には攘夷派の焼き討ちにあって全焼したとされている。

八章　横浜の土地問題

横浜へ移転

横浜への立ち退きをうながす公使の言葉を聞いて、ブラウンはそれなら仕方がないと考えたようだが、それも領事が三〇日以内に戻れること、横浜での費用は支払われることを保証していたからである。こうした条件のもとで、ブラウン一家と私の家族は出発した。公使と領事、副官、大勢の日本の侍や護衛が婦人方を取り巻き、一方私は赤ん坊を腕に抱いてよろよろと後ろからついていった。

一八六三年六月一日、私たちはちょうど二年前ニューヨーク港を出航したその同じ日に、アメリカの国旗をはためかせた二隻の軍事用ボートに乗って、横浜に上陸するべく神奈川の岸を離れた。

与えられた仮の宿舎はアメリカ領事館の空き部屋の一つで、現在の領事館の敷地近くに建つ平屋建ての小さな日本家屋だった。夜になるまでには必要な品々を運び込んで、なんとか落ち着ける宿ができた。

しかしこの住まいはとても快適とは言えなかった。同じ敷地の建物に住む沖仲仕などの港湾作業員が真夜中に大声で歌ったりどなったりするので、いらついた神経がなかなか休まらない。泥棒にも入られて、妻の金時計が盗まれた。目を覚ますと泥棒が引き出しをかきまわしていたので、私は「止まれ！　撃つぞ！」と言いながら腕をのばした。もちろん英語だが。泥棒はナイフやフォークの入った箱を落として大きな音をたて、換気のため開けてあった窓から大あわてで飛び出していった。ソファーの上に残ったハダシの足跡から、日本人と推測された。

六ヵ月後に警察の手で時計が戻った。そのとき警察は、犯人は私たちの別当（馬の世話役）の少年だったと言った。妻が乗馬を終えて戻ったとき、時計を引き出しに入れるのを見ていたのである。馬はここから引き上げるまで、ほかの荷物と一緒に神奈川に預けていたのだ。

ブラウンも同じく小さな平屋建ての家を、手ごろな家賃で借りた。料金は奉行か領事館が持った。約束の期間が過ぎたとき、私たちは領事館に対して、「神奈川の家に戻すか、さもなければ山手に土地を与えてほしい」と要求した。町の中にはもう住宅用の土地、しかも神奈川での出費に加えて、家が建つまで六ヵ月もの地代を払えるような土地はなさそうに思えたからである。

領事は、「そんな要求はとても容れられないが、神奈川へ帰りたいならいつでも帰ってよろしい」と答えた。

そのことを公使に伝えたところ、公使は、そんなことを決めたら領事は動きがとれなくなるだろう、と考えた。あとで聞いたところによると、領事は神奈川の港を閉鎖する交換条件として三〇〇〇ドルを受け取っていたということである。

結局私たちは自分の力で解決するほかないと考えて、家を出て波止場に行き、ボートを雇った。ところが船頭は、奉行に禁止されていると言って荷物を積むのを拒んだ。文句を言いに領事館に行くと、公使と領事と奉行が協議しているところだった。

公使は、「もう少し待ってほしい、どうすればうまく収められるか苦労しているのだ」と言った。ほんとにそうなのか？　と思っていると、結果はすぐに公表された。山手に家を建てることと、六ヵ月分の家賃を払ってもらうことが承認されたのである。私たちが神奈川の住居に手を加えて被害を与えたことについては、その部分は元に戻すことができるので、賠償の必要なしとされた。

私たちは同意し、夜になってやっと宿舎に戻った。朝出かけてから丸一日、こうした交渉が真夏の昼間になされたのである。いったい何のためだったのか？　要するに私たちはただ、我々の基本的な要求を、領事が不当な主張をして拒んだりせず、奉行に取り次いでくれるよう求めただけなのだ。

それからしばらくして、私とブラウンは呼び出しを受けて山手の土地を見に行った。役人が提示した土地には、敷地にそって細い道があり、上は開けていたが、個人の住居としても、大きいビルを建てるとしても、とても使い物にならないような土地だった。ブラウンはこのひどい物件を目の前にして顔をしかめた。結局ブラウンは、一段落したのち町中の居留地一〇七番に土地を買って家を建てることになった。その土地から先の丘の上はもっとひどい状態なので、私は一人で事を進めても意味がないと思い、「この件は公使に相談することにします」と言った。

するとと公使は、そのとき進行中だった下関の攻撃(1)の結果で状況は変わるだろう、と言った。それで建築の件はクリスマスまでお預けとなった。

クリスマスが過ぎたので、私は公使に通告した。「奉行は山手の土地を確保してくれなかったし、私も町に賃貸の家がみつけられない、それに、家賃免除の六ヵ月も間もなく終わるので、私は神奈川に帰るつもりである。神奈川の家の家賃は払ってあるし、荷物もまだ置いてあるのだから」と。そしてさらに、「今回、もし子どもを抱いて歩いて行かなければならないのなら、向こうに着くまで邪魔しないでもらいたい」と釘をさした。

すると彼は椅子に座って幕府の老中に手紙を書き始めた。

「ブラウン氏とバラ氏は、約束された土地がまだ与えられていない上、横浜に家を持つこともできないでいる。そこで両人を十日以内に神奈川に送り返そうと思う。そのために、もし軍隊が必要なら、現在港にいる軍隊に命じて両人を送らせよう！」

私はその手紙を書記官のポートマン氏のところに持っていき、オランダ語に翻訳して江戸に送るよう頼んだ。返事はすぐ届いた。

「山手に土地を与えることはできない。幕府として、神奈川に戻すことは好ましくないので、町の中に家を確保するべきである。奉行に命じて探させよう。しかし日本の家は小さいから、時間がかかるだろう。それを理解しておいてほしい」

奉行はすぐ公使を呼んで、波止場と運上所に近く、外国人居留地に隣接する一つ二つの小さな家を見せた。公使は老中に答えた。

「閣下、ご冗談でしょう。選んでくださった家は、外国人の台所ほどもありません。もし閣下らが山手に土地を与えたくないと思し召すなら、代わりに町の中に土地を与えてください」。すると彼らは答えた。

「ではそうしましょう。すでに奉行には選ぶよう命じてあります」

（訳注　こうして居留地一六七番の土地が与えられた）

それを聞くとたちまち抗議の声が高まり、私たちの耳にも聞こえてきた。ホッグ氏とかバラード氏とか、同じように土地の割り当てを待っている友人たちさえ文句を言ったのである。その根拠は、ブラウンはもうすでに自分の土地を手に入れたのだから、またもらうのはけしからぬ、ということだ。私は湿地の土地を断ったので、私に対しては、非難はなかった。私は伝道局がミッションの本拠を建てる適当な土地を確保するまで、自分の名前は使わないでおきたいと思っていたのだ。ブラウンに対する非難は、教会用の敷地に対する約束が原因なのである。それは、最初ハリス公使を通し、いまはプリュイン公使と領事を通して決められたものである。もっとも、領事のほうはそれほど公正とは思わないといっているが。

この問題についてブラウンに警告したところ、彼はこの土地について自分の名前が使われることを好まないと答え、そうプリュインに伝えると言った。彼がそうしたであろうことは、私たちが運上所の役人と一緒にその土地を検分したとき、公使が言った言葉から十分考えられる。

横浜居留地一六七番

一六七番の敷地について、私はここが教会堂、ここが宣教師館と、それぞれ今建っている通りの場所を指し示して満足の意を表した。

すると公使は、それを地図の上に鉛筆で書きはじめた。「ここに私はこの場所の地面を、バラ氏の住居と……」そこで少々ためらいながら、教会部分を確保するために、ブラウン氏の名前も必要だ、と言って続けた。「ブラウン氏の教会にあてる。これは、両氏に与えられなかった山手の土地の代わりである。ただし、幕府が山手に土地を用意し、両氏に与えるまでである」。彼は、「この最後の文章は将来不測の事態が起こったときの逃げ道だ」と言った。これは外交手段だったのだろうが、私はそうは思わなかった。

この取引のニュースが流れると、町のさまざまな集団から祝福や羨望や反対の声が上がった。最初に祝ってくれたのはT・ホッグ氏だった。いわく、

「君のポケットには一万ドルも入っているようだね！」

「いや、一セントもないよ。これは伝道局の財産だ」と私は答えた。すると、

「いや、その問題についての私の気持ちは、君が分かっているはずだよ」

妬みが思いがけないところから起こった。一つには私がねばり強く待ち、自分の名前を伝道局のために使って成功したためである。

抗議の声は、自分たちにも居留地に同じような土地をと要求する各国の領事たちから上がった。その結果、その近辺に領事館が集まるようになり、一帯が「領事館区域」と呼ばれるようになった。さらに同区域ではビジネスを行ってはならないという協定が結ばれた。この協定ができたのは、あるユダヤ人の居酒屋の主人が、その区域で商売を始めようと、法外な地代を払って借りようとしたことによる。それで私としてはますます心配が大きくなり、個人的には存在を示すために神奈川から家具など持ってきて、友人に預かってもらうなどしなければならないかと考えた。

新聞がユダヤ人の一件を「アメリカの大商売」と呼んで報じたので、公使は自分の評判に傷がつくのを気にしながらも、私が伝道局の土地を確保していられるよう、そこに引っ越しなさいと言ってきた。私は同意したが、そのためには教会のお金を使って四ヵ月以内

に家を建てることを、ブラウンに許可してもらわなければならなかった。

そのときプリュインは金を前貸ししようかと提案してくれた。ところが、その後何年もどちらの計画も実現しなかったのである。

各国領事のあいだの取り決めによって、どの国もどの国の個人も、すべての領事の同意がなければ日本側の譲歩を引き出すことができなくなったのだ。これはある個人や国が優位に働くことを防ぐための取り決めだったのだが。

こんな状況のもとで、プリュインは公使としての名前によって行動を起こそうと、私の同意を求めてきた。公使は領事の下に隷属するものではないから、彼の職権で伝道局に譲渡しようというのである。私は譲渡が領収書の発行と同時に行われることを条件に同意した。そして、念を押すようで申し訳ないが、これは教会の先輩としてまた一国の公使として立派な名前を持つ彼の誠意を疑うわけではないことを述べた。彼はこう答えた。

「この件は私に任せなさい！」

数日後のワシントンの誕生日、この日は日本の正月なので働き手がいないため、私は日本語の先生と一緒に台所で大工仕事をしていた。

するとそこにブラウンがやってきて、「もうすぐ証書ができる」と言った。「どんな内容の証書ですか？」と聞くと、彼はこう答えた。

「あなたとプリュインのために作られた証書だ」

「どういうことですか?」

「あなたも私と同じく、一市民ではないですか。これはプリュインがやったことで、『教会委員会』としての仕事だ」

「どこの教会の?」

「アメリカ教会だよ」

え? そんなの、この件の本質からかなりずれているのではないか。しかし彼は答えた。

「いや、気を悪くしてはいけない。あなたは伝道局のためを思って努力したのだ。数日中に(うちの)伝道局に移譲できると思うよ」

私はなんだか狐と狸の化かし合いのような気がした。しかし、ともかく公使たちも価値ある承諾書と称賛したこの伝道局への譲渡証書——正式ではあるが矛盾だらけの——により、ブラウンは伝道局に対して「日本と中国に対するミッション全体を支える適切な管理体制を整えることができた」のである。ブラウンの努力に対して、伝道局は大きな感謝を表し、私もそれを肌で感じた。私は伝道局に対して真実のいきさつを話し、満足を覚えた。


暑い夏がきて、門の脇の溝に緑色のヘドロがたまり、庭まであふれ出した。興味津々の友人たち(ここには隣人がいなかった)は、そんなところに住んでいたら命が危ないとよく警告したものだ。しかし私は家を建てることについて、同僚からも伝道局からも何の援助も得られなかった。なぜだったのか？　ブラウンは教会の金を使うことを許そうとしなかったし、伝道局は法的に所有が確定していない財産に前金を払ってはくれなかったからである。結局のところ、譲渡証書はアメリカ領事の証明がないので無効だった。領事はその証書を承認しようとしなかった。自分の土地の境界線をまっすぐにするために、隣接する教会の敷地の一部を手に入れたかったからである。私はどうにも動きがとれなかった。いっそのこと、ここを立ち退いて長崎にでも移るか。こんなことまで考えた。

仲間も伝道局も、私の仕事をあまり尊重せず、興味を示してもくれなかった。これは耐え難いことだった。万策尽きて私は伝道局に手紙を書き、こんな欺瞞にみちた状態にもう我慢できないと訴えた。そしていま住んでいる南側の半分の敷地に柵をめぐらして囲うつもりであると書いた。

伝道局からは、そのようにしてもらいたい、全面的に賛成である、との返事がきた。そこで私は実行に移したのである。私は親切な運上所の主任通訳（H・I・M・イシバシ氏）を通して、プリュインがその土地を得た目的を手書きで書き入れたオリジナルの敷地図の写しを手に入れた。運上所の印章のあるこの証書こそ、私が必要なものだった。

そうこうしているうち、プリュインは教会の土地についての委任状を私に託して日本を去り、[2]そのあとブラウンも彼の委任状を私に渡して一時帰国した。この二つの委任状と、私のオリジナルの証書と、アメリカ教会（！）の財産の証書の写しを手にして、これで何が起ころうと、武器は十分に備わったと感じた。

試練は思ったより早く、しかも大きなものがやってきた。しかしちょうど都合のよいときだったので、幸せだった。

一八六六年三月、妻が健康を損ねて、二人の子どもと帰国しなければならなくなったのだ。乗ったのは「アイダ・ロジャース号」で、私たちが一八六一年十一月、中国から日本へ来るとき一九日間乗った船である。

そのときの一等航海士が船長になり、奥さんと乗船していた。彼は、コックとボーイを雇って子どもたちの世話をさせ、一〇〇ドルで貸し切りにしようと提案した。私はしぶしぶ同意して、金曜日の夜に別れを告げた。

ところが翌日の朝、船は嵐のためまだ停泊していた。乗り込んでみると、コックまで全員が船酔いに悩まされている。必要品など置いて帰ろうとすると、妻が言った。「あなたも都合をつけて一緒に行ってくださらない?」

それまで私は一緒に行くことなど、考えてもいなかった。そこでいま進行中の四つの仕事を話し、それが解決したら昼間船に乗り込もうと言った。それらはみごとに解決した。往復の船賃一〇〇ドル、家の管理はホッグ氏、生徒の世話はタムソン氏、船賃はブラウンの先払い、そして私は、事情を知らない友人たちが波止場にきて驚かないように、昼間乗船することにした。

一緒にアメリカへ

私は一緒に行ってよかったと思った。パナマを越える旅(3)では、親切な外国人の子守りがいても、妻も子どもたちも私の手を必要としたからだ。私のほうも、昔の友人のアイザック・ヴァン・ウィンクル、フランクリン・N・J・の家族、I・D・コンディット師、J・R・ロバーツ氏、それから妻のいとこであるジョセフ&アーチボールド・クーパーなどと同じ小さな船に乗って、ひと月ほどを楽しく過ごすことができた。

（訳注　ここからは帰りの船旅の話になる）

スペイン人とアメリカ人の乗客が牛と七面鳥を持ち込んでいて、これが日本への最初の輸入だったという。ハワイのコロアに一日滞在し、私は往復三ヵ月余りで日本に戻った。

私が乗った船は、同年一月にアメリカ公使に就任したファン・ファルケンブルグと、中国へ行くオーソン・D・バーリンガムが、自分たちの団体のためにチャーターした大型船で、彼らはそこに私が乗客として加わることに反対し、たとえ船主が私の同行を求めたとしても、承知できないと言った。その船主とは、のちにこのミッションの土地を借りていまも存在する一六七番の大きな家を建てたグループである。彼らはその件について何かコメントされることを嫌って、私が同船することに反対したのだった。

私がその船に乗りたかったのは、サンドイッチ諸島、特にナナ・アイオア火山に行きたかったからである。乗船できたおかげで、私は教会でよい聖日を過ごし、ハワイにおけるそれまでの宣教師たちの働きについて話すなどして、彼らの評価を高めることができた。私はグリックス農場のスミス博士のもとに滞在した。もう一つ楽しかったのは、ここで中国から帰国する弟のヴァン・ドーレンと会えたことである。彼はいろいろ相談に乗るなど、大いに力になってくれた。

ところで帰日早々困ったのは、新しい領事のスタールとのやりとりだった。ハンガリー生まれの彼は、教会用の土地の取得とか、領事館や刑務所を建てることなどについての法律の知識がほとんどなかったのである。

それまでのところでは、ブラウンとファン・ファルケンブルグとの合意によって、教会の土地と、それよりも三分の一ほど広い公園の反対側の湿地(4)とを交換するということが決まっていた。広くなった分の土地は、私が使ってもよいという。私は不承不承ながら、ブラウンに同意した。しかしこの合意は文書に示されることはなく、またこの新しい土地を私に割り当てるという努力もされなかった。それどころか、私をいま住んでいる敷地から追い出そうとする悪意ある不法な手段が講じられたのである。

一八六六年の大火

直接関係したのは、一八六六年十一月二十六日の大火（通称「豚屋火事」）だった。このとき町の中心部はほとんど焼き尽くされ、アメリカ領事館も、私の粗末な二つの住まいも焼けた。私の持ち物でわずかに残ったのは、庭に放り出されたいくつかの家具だけで、本も、大学時代のノートも、説教の原稿や「ヨハネ伝」の翻訳もすべて燃えてしまった。金貨と銀貨が溶けて塊となり、これはあとで正当な価格で売れた。私が持っていた証書も焼けたが、幸い教会の証書はまだブラウンの手元にあったので無事だった。

もう一つ土地の防衛に役立ったのは、会堂の土台として二五〇ドルで買った石で、それは敷地の上に置かれていた。ある建築家が言った言葉に疑念を抱いたので、買っておいたものである。

間もなくアメリカ領事は、その石を撤去するようにと言ってきた。私は「なぜ？　どこへ移すのか？」とたずねた。私が講義所の土台の位置に石を置くと、領事は運上所の役人に頼んで、作業の進行を止めるよう命じさせた。私がその理由をたずねると、彼は、自分のしたことではないと否定した。

ところがしばらくして領事は工事を止めるようにと言ってきたので、私は断った。すると領事は私を呼び出して、私がその土地を所有している根拠を示せと言った。奉行がその趣旨で私を訴えたのだということである。私は、それならそうしましょう、そのためには証人を召喚してほしい、と言って、数人の名前を挙げた。ところが彼は実行しなかった。

裁判の時間に私が出頭すると、彼は証拠を出すよう要求した。私は、法廷で、弁護士がいるところでなければ応じられないと拒んだ。

作戦に失敗した彼は、プロイセン（ドイツの前身）領事のM・フォン・ブラント氏[5]に、「やんごとなき貴王国の政府に割り当てられる約束の土地を保有している者がいるゆえ、訴えを起こしていただきたい」と要請した。私はフォン・ブラント領事に直接連絡することにし、「私はこの土地を、貴王国が日本と協定を結ぶ以前から所有しており、証書も存在する」旨を書いた手紙を送った。これはみな文書によるもので、ビジネスを行う上にはそれが非常に有効な手段であることを、私はそのとき身にしみて感じたのである。最終的な勝利は、思いがけないほど完全な形でもたらされた。これこそ、奇跡を働く神の手によるものであった。

ある月曜日の朝早く、それまで二度ほど行ったことのある運上所へ行くと、土地管理事務所で、見るからに温厚そうな紳士[6]が私を迎えてくれた。私は促されるままに、これまで述べてきた通りのこの土地問題のいきさつを細かく話した。

話をすべて聞き終わると、彼は引き上げようとして立ち上がりながら言った。

「これまであなたを助けてくださった神は、最後まであなたを守ってくださるでしょう！」

八章　注

（1）一八六三年五月、アメリカ蒸気船「ベムブローグ号」が、下関海峡の入り口で停泊中、長州藩の軍艦に砲撃された事件。

（2）ロバート・H・プリュイン第二代アメリカ公使は、任期を終えて一八六五年四月に離日。第三代公使にチョンシー・M・デピューの名前があるが短期で、事実上後を継いだのはファン・ファルケンブルグである。

（3）パナマ越え。バラ夫妻が最初に日本に来たときは、東海岸のニューヨーク港を南下し、喜望峰を回って上海まで行くコースだった。今回は上海からハワイを通る太平洋航路で、西海岸のサンフランシスコまで行ったのであろう。当時パナマ運河はまだ開通していない（開通は一九一四年）ので、パナマの地峡部を蒸気車で横断し、さらにニューヨーク行きの船に乗ったと思われる。なお、このとき同行した「親切な外国人の子守り」というのは、日本人漂流民の仙太郎（サム・パッチ）のことと思われる。ゴーブルが本国から連れてきた使用人だが、ゴーブルが成仏寺を出たとき、バラが引き取っていた。

（4）「湿地」とは、居留地西側の入江が埋め立てられた場所。

（5）マックス・フォン・ブラント（一八三五―一九二〇）。一八六二年、プロイセン初代駐日領事として横浜に着任し、一八六八年プロイセン王国代理公使、一八七二年に駐日ドイツ帝国全権公使、一八七五年に清国大使となって離日した。その間日本各地を回って現地でその歴史や文化を深く学び、知日派として知られる。一九〇一年に回想録『東アジアにおける三十三年――あるドイツ外交官の思い出』全三巻を出版、その第二巻が日本編で、『ドイツ公使の見た明治維新』として第二巻のみ翻訳出版されている。その中でブラントは、開国以来の幕府と朝廷との抗争や外国人襲撃事件などを語り、一八六八年の初めには関西で神戸事件（備前藩兵と外国兵が衝突した事件）の責任者の処刑を目の当たりにして詳述。その後横浜に戻って八月には自身も災難に遭いそうになったことなどを記している。

（6）バラは敢えて名前を明らかにしていないがこの紳士とは、プロイセン領事のM・フォン・ブラント氏であろう。

付記

小会堂完成前後の諸事情

このバラ宣教師の自伝は、土地問題が解決したらしいことを示唆する八章で終わっているので、このあと小会堂が完成し、存在が認められるまでの流れを追っておく。

幕府から土地を下付されてからのいざこざはこの自伝に書かれている通りであり、それを裏付ける手紙などは資料として付録Ⅰに載せてあるのでご参照願いたい。なお小会堂の建築は、バラの依頼を受けてバプテスト派の宣教師ゴーブルが設計し、建築の監督を行っていた。

資料はフェリス女学院資料室発行の紀要『あゆみ』に「ジェイムズ・バラの手紙」として一六回にわたって掲載されているものを利用させていただき、足りない分は横浜開港資料館に保管されている"Archives of the Reformed Church in America"の複製閲覧の資料を参照した。しかし、土地問題が決着したことを示す記録は見当たらなかったので、この自伝最後のプロイセン領事との一件は、大きな発見であった。

土地問題が解決したのは、一八六八年の夏頃のことと思われる。その後小会堂の建築は順調に進んだのであろう。バラは十月六日、延期を余儀なくされていた一時帰国の旅に出た。ところがその船は「出航一時間前に行く先を変更して兵庫に行くことになった」。十月二十日付の兵庫からの手紙によると、バラは船長のすすめでそのまま乗っていったが、兵庫で留まってしまったという。信じられないような話だが、一八六八年十月といえば幕末も大詰めの時期、そうした使い方をされた船もあったのかもしれない。バラは将来の仕事のためにもなると、あちこち見学して思いがけない旅を楽しんだが、船は兵庫に行ったままなので、結局横浜に引き返した。

また、その手紙の中には、自宅を建てるつもりで前年十月に買った山手四八番の土地に、友人たちの監督のもとで家の建築を始めたことが書かれている。一緒に工事をすると費用が安く上がると、ゴーブルにすすめられたものである。

続いて十一月二十七日付横浜発の手紙では、「教会の土地問題はすべてよい方に解決した」として、アメリカ領事館が領事館の土地建物をすべてイギリスに売却し、ほかの場所に建築を始めたことを報告している。そして最後には、「ミカドが江戸への途上、東海道を通られた、日本の革命も先が見えてきた」などと、新しい統一国家誕生の希望を述べ、自分は十二月の船で帰国したいと結んでいる。この時期の手紙はこれで終わる。小会堂は一八六八年の十二月中には完成したであろう。バラはそれを見届け、土地がミッションに帰属したのを確認して、十二月末には家族の待つヴァージニアに向かったものと思われる。

次に、横浜海岸教会として明確にしておかなければならない事柄について説明する。それは、日本のプロテスタント初となるこの小会堂の建築が、長いこと一八七一年（明治四）と間違って記録されてきたことである。小会堂の建設についての当教会の記録を調べると、古くは明治二十年頃の記録と思われる『綴込』と題された文書（当時の長老だった林藹の印のある）の中に、

「一千八百六十七年ニ建設ス」との記述があるが、これは明らかに事実に反する。次に大正十一年発行の小冊子『海岸教会創立五十年略史』の中の「……米国聖書会社、水夫祈祷所及英語教場として仮に小会堂を建築したるは明治四年なりき」との一文がある。おそらくそれを踏襲して、山本秀煌は『日本基督教会史』（山本秀煌編、日本基督教会事務所、昭和四年）の中で次のように説明している。少々長いが、ご覧いただきたい。（原文のまま）

最初の祈祷所として使用された小会堂並びに教会堂の敷地は元治元年（一八六四年）幕府からエス・アール・ブラオンとゼームス・バラの二人に外人礼拝所建築敷地として下付されたものであるが、前記の二人はリフォームドミッションの外国伝道会社の嘱託委員として此の土地を管理していたのである。しかるに米国領事は此の地に領事館を建設するの企図ありしにて幾多の交渉を経、遂に地所保留の必要上米国聖書会社、水夫祈祷所又は英語教場として仮に小会堂を建築したのだと云うことだ。それは明治四年のことである。（二二六頁）

さらに『植村正久と其の時代　第一巻』（佐波亘編、教文館、一九三七年）にも「石の会堂」として載せられた写真に「明治四年　一八七一年の建築である」との説明がある。（四三八頁）

おそらくこうした資料がもとになって、その後に横浜海岸教会から出された『横浜海岸教会百年の歩み』（横浜海岸教会編集・昭和四七年〈一九七二年〉）、『日本基督教会横浜海岸教会史年表〈I〉』（井上平三郎編、改革社、一九八二年）、『濱のともしび——横浜海岸教会初期史考——』

（井上平三郎著、キリスト新聞社、一九八三年）その他同教会発行のパンフレットの類なども、すべて一八七一年建築となっていた。

一八六八年完成説は、バプテスト派宣教師ジョナサン・ゴーブルの研究者である川島第二郎氏によって、一九八六年に発表された。同氏は、一八七一年にゴーブルとバラのあいだで起こった領事裁判を調査中、その裁判記録や『ジャパン・ウィークリー・メイル』、『ジャパン・ヘラルド・メイル』など当時の外国の新聞記事を調べているうちにその事実を発見し、一九八六年、『郷土よこはま』一〇三号に掲載された「ゴーブル対バラの米国領事裁判」と題する論文の中で発表されたのである。米国オランダ改革派教会の一八六九年の年会報告にも次のような記事があるという。孫引きになるが、その部分を引用する。但し、ここではその論文も収めた『ジョナサン・ゴーブル研究』（川島第二郎著、新教出版社、一九八八年）を使用させていただく。

'A neat Gothic chapel, or lecture-room, has been erected on the lot assigned by the Japanese Government to the Reformed Church. This lot, heretofore held by trustees, has been conveyed to the Board.'（『ジョナサン・ゴーブル研究』一六五頁、〈論文「ゴーブル対バラの米国領事裁判」第一部の本文注④〉）

日本政府（幕府）から改革派教会に割り当てられた土地にゴシック風のこぎれいな礼拝堂もしくは講義所が建てられた。これまで受託者によって管理されてきたこの土地は、伝道

局の帰属となった。(飛田訳)

この記述が正しいことは、このバラの自伝や手紙によっても証明された。そこで次に、なぜそのように間違って伝えられたのか、当時の事情を考察する。

最大の原因は、会堂の完成と同時にバラが一時帰国して、二年近く日本を離れていたことであろう。夫人は体調をくずして一八六六年三月、二人の娘と共に一時帰国した。しかも十月には長男のジェームズ・カーティス・バラを出産し、そのまま故郷に滞在している。バラはもっと早くに帰国する予定だったが、留守にすると土地が奪われそうなので帰れなかったのだ。

一時帰国の目的は、ほかにもあった。前年バラは、開港以来横浜で増えている混血児の救済と女子教育のために、婦人の宣教師を派遣してほしいと、アメリカのキリスト教関係の団体に書面で訴えていた。そこで帰国の際に、米国一致外国伝道協会のミセス・プラインを訪れ、協力を求めたのである。バラは、日本では女子教育が遅れていること、それゆえ外国人とのあいだに混血児が生まれると、母子共に悲惨な状況に置かれることなど、熱心に話した。プラインはすでに五十歳になっていたが、バラの情熱にほだされて献身の決意を固めたのである。そして同協会に呼びかけて、ミス・クロスビーとミス・ピアソンの参加を得た。

アメリカでのもう一つの大きな事業は、日本人のための新会堂建設を目的とする募金だった。三〇〇〇ドルの募金目標を立てて全米のキリスト教会に呼びかけ、翌年みごとに達成している。バラ一家が横浜に戻ったのは、一八七〇年十一月二十五日だった。

バラが二年ほど日本を離れていたあいだ、小会堂の管理はタムソンに任されていた。しかしタムソンは仕事の都合で東京に滞在することが多くなり、七〇年秋には横浜を離れることになって、ゴーブルが実務を引き継いだようである。

一方、バラの自宅の管理を任されていたゴーブルも、この時期きわめて多忙であった。聖書翻訳の一番乗りをめざして、ヘボンらの宣教師グループとは別に独自で行っていた「摩太福音書」の翻訳出版の作業が、最終段階を迎えていたのである。こうした状況から、小会堂は責任者が不在のまま、正式には使用されていなかったのではないか。

バラが帰日して一八七一年に聖書と英語を教える「バラ塾」を開いたことから、小会堂の存在が広く知られるようになり、建築の年と誤って記憶されたのではないかと推測される。ここに多くの若者が集まって、翌年の日本基督公会の設立に至るのである。

ところで、「ゴーブル対バラの米国領事裁判」とは、どういうことなのか、不本意ながら触れなければならない。

川島第二郎氏の『ジョナサン・ゴーブル研究』には、詳細な裁判記録やそれを報道した外国の新聞記事、著者の解説などが掲載されているので、それらを参考にして事件の概要を示す。なお、日本の文献には小沢三郎著の『幕末明治耶蘇教史研究』があり、その中で幕府の諜者・安藤劉太郎が「横浜奇談」と題してゴーブルとバラの領事裁判の内容を簡単に報告している。この人物は、驚くべきことに日本基督公会の設立メンバーの一人である。

前述のように、ゴーブルはバラの依頼で小会堂を建て、その後の管理もタムソンのあとを引き継いで行っていたらしい。さらに、山手四八番のバラの自宅の建築と、その管理も担ってきた。

一方、横浜に戻ったバラは、思いがけない住居問題に直面した。新築の自宅は、借り手との賃貸契約の期間をまだ半年以上残していたのである。バラはゴーブルに相談し、しばらくホテル住まいや間借りをしたのち、これも新築間もない山手七五番Aのゴーブルの家を借りることになった。当時ゴーブル夫人は病が重く、二人の娘を連れて十二月末に急遽帰国することになったからだった。その際にバラが前納した半年分の家賃が、ゴーブル夫人と娘たちの旅費になったという。ゴーブルは同じ敷地内に建つ小さな建物に移った。それは「摩太福音書」を印刷するための活字を鋳造する作業場だった。

バラは賃貸契約の切れる半年後には自宅に入居できるはずだったが、期限間近の一八七〇年六月、バラの要請に応えた三名の婦人宣教師、プライン、クロスビー、ピアソンが来日した。バラは住居探しに奔走したがみつからないので、自宅を提供することになり、引き続きゴーブルの家を借りなければならなかった。

その後三人はバラの自宅に多少の手を加えて孤児院と学校としての体裁を整え、八月に「ミッション・ホーム」を設立するのである。このように住まいをめぐっても、複雑な金銭関係が生じることになった。

それまで一〇年近く、バラとゴーブルは非常に親しい関係にあった。バラ夫妻が来日して神奈川の成仏寺に入居したとき、ゴーブル一家はその寺の敷地に建てた小屋に住んでいた。横浜に移ってからも、両家は同じ年ごろの子どもを持つ若い夫婦として、親しく付き合ってきた。教会の土地問題についてもバラは常にゴーブルに相談しており、小会堂の建築や自宅の建築、留守中の管理など、すべてを任せていたことからも、その信頼のほどがうかがえる。

ところでゴーブルは自給伝道師として自分で生計を立てなければならなかった。さらに伝道費やマタイ伝の翻訳出版などの費用がかさんで生活は苦しく、いつもぎりぎりの状態だったようで、当然経済観念は発達していたであろう。その上性格が粗野で激しいので、日本人の雇い人とのあいだにいざこざが絶えなかった。そんなときにバラが仲裁に入り、かえってゴーブルの怒りを買うこともあったらしい。

バラが留守にした二年と帰ってからの一年、両者のあいだには金銭関係を中心にいろいろトラブルが起こり、話し合いで解決できないところまで発展してしまったようである。

ゴーブル対バラの米国領事裁判は一八七一年十一月二十八日から十二月五日まで行われた。ゴーブルが裁判所に提出した訴状は主に金銭に関わるもので、細かな数字が列挙されているのに驚かされる。ゴーブル側の建築工事計算書や家賃などの細かな数字に、バラはとても太刀打ちできなかったようだ。

裁判の結果バラは敗訴となり、一四三ドルの賠償金を支払うことになった。決着するとゴーブルは、そのあと十二月二十三日に岩倉使節団と同船して帰国するのである。

この裁判については当時イギリスの『ジャパン・ウィークリー・メイル』や『ジャパン・ヘラルド・メイル』などが詳細な裁判記録を掲載しているので、居留地にいた外国人たちは、大いに関心を持ったであろう。しかもこの事件に関連して自宅の購入に関する誤った記事が流れ、いっそうバラを悩ませた。バラが小会堂とほぼ同じ時期に自宅を山手に新築したことから、その二つの建物の落差がジャーナリズムの興味を引いたようである。小さな会堂と隣接する大きな住宅を並べて写した写真に、「会堂にはたったの五〇〇ドル、自宅には四〇〇〇ドル」との説明をつけて非難したのだ。そのため小会堂は「聖なる犬小屋」と呼ばれて嘲笑され、その話は海外にまで伝わった。

バラが教会の土地を守るために、とりあえず手持ちの資金で小会堂を建てたいきさつは自伝の中で語っている通りである。また、自宅の価格は二〇〇〇ドルだったが、裁判の中でバラは思い違いで自ら四〇〇〇ドルと言っていたらしい。いずれにせよ、自宅はあくまで自費で建てたのである。なお、件の写真については三〇年以上経って驚くべき事実が明かされた。一九〇二年（明治三五）三月十日の教会設立三〇周年記念会の席で、日本初の写真家下岡蓮杖（明治七年バラから受洗）が、あの写真は自分が米外交官に命じられて撮ったと告白したのである。

ここで、やや横道にそれるが、つい最近になって明らかになったことをつけ加えさせていただきたい。これまで、小会堂と並べて写されたという家についてはは情報がほとんど得られなかったのだが、二〇一二年にアメリカ改革派教会から出版された、初期からの日本伝道を語る大部の歴史書“Pioneers to Partners—The Reformed Church in America and Christian Mission with the Japanese”をこのほど読む機会を得て、その中にこの隣の家が建てられたいきさつが詳しく書かれているのを発見した。要点は次の通りである。

バラが一八六八年十二月から一八七〇年十一月まで一時帰国しているあいだに、ブラウンが一時帰国から日本に戻った。すると教会の敷地になっている土地に憧れを持つ富裕な二人の商人から、「教会堂の敷地の横に家を建てて七年間住まわせてほしい、その間地代を払い、契約期間後は家をミッションに寄贈する」という提案を受けた。ブラウンは有利な条件として同意し、商人たちは立派な家を建てて家族と共に引っ越してきた。

ところが彼らは次々と災難に襲われた。一人は航海に出て音信不通となり、もう一人は突然死に見舞われ、家族は日本を離れた。その結果、契約通り家はミッションに帰属したが、何分にも早すぎたので抵当貸付金の差額二〇〇〇ドルを払う必要があった。

そこでバラは当面この家に住み、ミッションから受けている家賃手当を会堂建築資金に組み入れることにした。さらに一年のうち三ヵ月間は、生糸商人に貸すことができて家賃を得たのである。その間一家は住まいを探して不便をしたであろう。しかしこうして抵当貸付金は返済され、会堂資金も積み立てられていったのである。(p.173)

この裁判によってバラは精神的に大きな打撃を受け、屈辱感に悩まされた。聖日礼拝の勤めを終えると、その後しばらくは立ち上がれないほどだったという。しかしバラは祈りによって次第に立ち直り、学生たちにいっそうの情熱を傾けて聖書の講義をし、祈りを捧げた。その熱烈な祈りは、学生たちに大きな感動を与えることとなった。

明けて一八七二年、心の高ぶりを覚えた学生たちは、自ら初週祈祷会の開催を申し出る。祈祷会に途中から加わった植村正久は、そのときの様子を次のように語っている。

「これらの人々多き時は三、四十名。……皆盛んに祈ったのである。泣くものもしばしばあった。其の言葉も調子も、初めての人には甚だ異様な感じを与へたのである。然し何人も其の熱心に打たれざるを得なかったであらう」(『植村正久と其の時代　第一巻』四四七頁)

その祈祷会は数週間続き、ついに三月十日、日本最初のプロテスタント教会である「日本基督公会」が設立されたのである。

創立当時に起こったと記録される信仰のリバイバルは、バラ自身の人格および命をかけた宗教的情熱と祈りによるところが大きいと言われている。最後に、バラ師の宣教の姿勢をよく伝えるものとして、のちに明治学院総理となった指路教会の井深梶之助牧師の言葉を紹介しよう。

「十数名の青年に英語を教授する傍ら、言語は未熟ながらも、燃ゆるばかりの熱心さを以って聖書を説明し、且つ、声涙共に下るといふべき熱誠を以って彼等の為に祈りつつ伝道せらるる事が無かったならば、明治五年三月に日本最初の基督教会は建設せらるることは、恐らくなかったであらう」(『日本伝道百年史』四八頁)

ジェームズ・バラの手紙（一）

ここではフェリス女学院資料室発行の紀要『あゆみ』に一六回にわたって掲載された「ジェイムズ・バラの手紙」から、本書に関連のある部分を中心に抜粋して転載させていただく。なお、記号〈……〉は原資料の判読不明部分、……は省略部分を示す。

① 親愛なるベルッ兄　　一八六四年一月八日　横浜

……プリュイン氏は、至急便を老中に送りましたが……山手の土地はブラウン氏と私に居住用として直ちに与えられるべきであり、私たちが家を建てるまで住居をあてがい、神奈川での費用を〈……〉すべきであると幕府に要求しました。そして、それができないのならば、私たちは神奈川へ戻るであろうし、力づくでも山手の土地を手に入れるであろうと脅したのです。幕府は直ちに返書をよこし、山手の土地は与えられないし、神奈川へ戻ることも、日本の現在の状況では承諾できない。したがって、横浜に家をあてがうと回答してきたのです。……そして神奈川奉行は、小さなガラス窓のある約8ヤード×9ヤードの家をわりあててきました。私たちはこれを拒否し、山手の約束の土地の代わりに日本街の中の土地を受け取る提案をしました。すると、私たちにとってはまったく予想もしなかったことなのですが、この提案が認められたのです。〔こうして与えられた土地の〕譲渡証書の裏面の公使の受領欄には次のように書かれました。すなわち、「本官はこの土地をバラ氏の居住用ならびにブラウン氏の教会堂のために受領する」そして「〔ただし〕その土地を確保し、〔米国〕政府が譲渡できる準備が整うまで、ブラウン氏には与えられないものとする」という留保がつけられたのです。けれども、私にはこれが効力のあるものとは思えないのです。……この問題について繰り返し述べなければならないのは遺憾です。……相も変わらずいろいろな噂が外から私たちの耳に入ってきますので、私はじっとしていられなかったのです。……私はこの地の資産家の力をどれくらい恐れたことでしょう。彼らはその力のすべてを結集し、なにがなんでも土地をわが物にするのです……

『あゆみ』一八号（一九八六年）「ジェイムズ・バラの手紙　5」一一八―一一九頁

② フィリップ・ベルツ師　　　　一八六四年四月七日　横浜

……この敷地の周辺の地図と、ここから見える風景のスケッチをいくつか書いてお送りしたいと思っていたのですが、今はできません。きっとこの土地は伝道局への真の使命を果たすようになると思いますので、あなたにも満足していただけるでしょう。証書はプリュイン氏が書いたと思います。あなたは私がこの土地を得ることについて大変心配し、また、実際に手に入れる上でもささやかな役割を果したのに、何故このようにひっそりと場面から抜けてしまったのか、と不思議に思われるかもしれません。ことは簡単で、次のようなものです。私がこの土地に移り、囲いをめぐらし、土地を所有したしばらく後に、プリュイン氏から、日本政府の依頼により、彼らと領事たちの間に問題が生じるのを防ぐために、彼の名前で証書を作成することに同意したと告げられました。（どんな土地も、他のすべての国の領事の同意なしには、ある一国の個人に与えられないという規定があるのです。）このことに対して、むろん私は反対することができませんでした。私は自分の名前を目立たせたくはなかったが、土地は手に入れたかったのです。それで、ことはそのままになっていましたが、ずっと後になって、ブラウン氏が証書はプリュイン氏と教会委員としての彼の名前で提出された、と私に告げました。土地を取得した時のもとの証書は忘れられ、私もそれとともに消えたのです。……もし、土地は一般市民には与えられない、というプリュイン氏の意見が確かならば、ブラウン氏の名前も私自身の名前と同様に異例なのです。土地はミッションに渡されるので、私は満足しています。……

「さあ、立ち上がって築こう！」土地は教会建設用地としてはかなり立派なもので、私はダッチ（リフォームド）教会がこの希望の土地で十分に力を発揮するようにと願っています。

『あゆみ』一九号（一九八七年）「ジェイムズ・バラの手紙　6」四八―四九頁

③　J・M・フェリス師

一八六七年一月二十八日　横浜

……十一月に受け取ったあなたのお手紙に長文の返信を書いたのですが、あなたのお手紙もその返信も、その月の二十六日の火事で焼けてしまいました。私は家をすっかり焼かれ……家具も衣類もロバート・ヘイルの説教集一冊以外は蔵書も一冊残らず、四福音書、使徒行伝、創世記の私の翻訳の原稿と共に焼けてしまいました。翻訳の原稿を焼失したことは、ことに残念です。二年間の仕事が一瞬のうちに消えてしまったのです。しかし、数ヵ月でやり直したいと思っています。「マタイによる福音書」は再訳をすませましたし、「マルコによる福音書」も続けるつもりです。私は現在ヘボン博士の施療所に住み、タムソン氏と一緒に寄宿しています。博士が、五月に戻るまで施療所を使うようにと、親切にも申し出てくださったのです。

土地問題は結論に近づいていますが〈……〉この三年間ずっと期待してきたのです。敷地は譲渡されることになっています。イギリス公使たちがそれを望み、日本政府とそのような合意に達したのです。新しい敷地は町の〈……〉新たに埋め立てた土地になる予定です。その土地は無論ずっと価値の低いものですが、その近くの第三の土地も与えられることになっています。それは筋が通っているだろうと思います。と申しますのも、そうすれば、公使の土地がこの土地から分離できますし、両方の目的に十分な土地が得られ、その上、私のために同じ大きさの土地を区切ることもできるからです。……

あなたがニューヨークで妻にお会いになれなかった……健康がすぐれなかったために、友人達が妻を引きこもらせたからです。前にもお話ししたように、日本での生活が妻の神経にひどくさわり、特に出産をひかえた状態だったので響いたのです。ようやく、私は幸いにも男の子の父親になりました。今は妻もずっとよくなっているでしょう。妻はこの夏北部に行く予定ですので、きっとたびたびお会いになる機会があると思います……

『あゆみ』二一号（一九八八年）「ジェイムズ・バラの手紙　8」一一、一二、一三頁

④　J・M・フェリス師　　　　一八六七年三月　横浜

今月の九日、十二月二十六日付けの大変嬉しいあなたからのお手紙が届きました。それは私に、二〇日たって妻がもっと良くなったことを知らせてくれました。……あなたのお手紙は、妻の病気についてとその回復の見通しを伝えてくださいましたが、それはこの二ヵ月の間に妻の消息を伝えてくれた最初の、そしてたった一つの便りでした。妻の病気の原因をまず間違いなく熱病によるものと確信した時の私の不安がどんなものか、想像していただけることと思います。私は恐れました。けれども神を信頼し、神のみ心に従いつつ、妻の病状を伝える手紙を読みました。その手紙は、神のみ恵みによって、妻が生きていることを知らせてくれたのです。一時的なものか、これからもずっと続くものか、医者も決めかねる麻痺症状があったとのことですが、私にとっては、妻が生きているというだけでうれしいのです。神はあふれるばかりに私に思いをかけてくださったのです。どんなに苦しいことでも神のみ恵みがあれば、耐えられるとはいえ、神は、私にとって妻の死ということだけはそうはいかず、神が私に命じられる仕事も続けられないことを、ご存知なのです。今、私は気持ちよく、心から神のために働き続けることができます。妻が助けられたのは、私と子供達のためなのです。

『あゆみ』二二号（一九八八年）「ジェイムズ・バラの手紙　8」一八頁

⑤　J・M・フェリス師　　一八六七年五月十八日　横浜

……さて、やっかいな部分が終わりましたので、個人的に非常に心配な問題について率直にお話ししたいと思います。それは私の父の家族の件です。私が家を出たとき、彼らの手元には家畜と家具しかありませんでした。私を頼りにしている家族を残してくることは非常につらいことでしたが、彼らは宣教の仕事のために、私を神の手に委ねたのですから、私も彼らを神の手に委ね、彼らが必要としているものはすべて与えられると思いました。神は彼らに対して大変慈悲深くしてくださいました。しかし、ほんのわずかの家賃で借りていた家が焼失してから、彼らは大変生活費がかさんでいます。現在、彼らには借りられる家がありませんし、あえて危険を冒して家を建てる金を得ることもできません。彼らは年をとっていますし、男の子の大家族を育てるために、よい教育を受けられなかった姉たちが、よい仕事にもつけなかったことなどを考えますと、私がこちらの宣教の場にいて彼らを養うか、帰国して彼らを養うべきであるか、ことは明らかです。彼らはほとんど涙を流さんばかりに、私の帰国を求めています……

『あゆみ』二三号（一九八九年）「ジェイムズ・バラの手紙　10」二一頁

⑥　Ｊ・Ｍ・フェリス神学博士　　一八六七年十月二十三日　横浜

……私の父に関しましては、家を建てたと聞いてほっとしていますが、どのようにして建てたのかもどのくらい借金があるのかもわかりません。私の助力がなくても父がやっていけるのなら、現在の私にとって、それは非常に望ましいことです。家族を日本に呼び戻すことができる立場になれるよう切に願って、今日私は友人のタムソンとナイアックの日曜学校が送ってくれた二〇〇ドルからの一九〇ドルで、家と小さな庭を作るのに十分な広さの土地を山手に購入しました。当地で私の一五〇〇ドルを引き出すことができれば、家を担保にした債権で借りられる金で、ただちに自分の家を持つことができるでしょう。……

『あゆみ』三〇号（一九九二年）「ジェイムズ・バラの手紙　11」三九、四〇頁

⑦Ｊ・Ｍ・フェリス神学博士

一八六七年十二月四日　横浜

九月二十一日付の激励のお手紙と、お手紙と共に送ってくださったたくさんの書類やパンフレット類を十一月六日に受け取りましたが、間違いなく譲渡され、すでに伝道局の手にある土地が、証書によって正式に処理されていないことに失望致しました。あなたは他に作成すべき証書があり、その証書の受領を待たなければならないと思い違いをなさっているにちがいありません。もともと、二月六日に証書は三通作成され、一通は日本政府に預け、一通は現在私が所有し、もう一通はブラウン氏が五月十四日にミッション本部に送りました。ハンワルケンビュルク氏はプリュイン氏に対して代行権限以外の委任権は持ち得ませんし、彼に代行権限があるとは私には思われません。私にはブラウン氏に対する代行権限があります。この土地に関してさまざまな障害ややっかいな問題が生じたのは、証書を持っている関係者が証書を正しく伝道局に移管しなかったことが原因です。

最初の二年が指定された理由は、土地の境界線変更の点で、アメリカ領事と調整をはかりたいためでした。変更が行われてから今日で二年になりますが、土地はまだ譲渡されないままになっています。一年前の火事の後、イギリスおよびアメリカ公使は、さらにそれぞれの領事館を建てるために、土地全部を手に入れることを望み、土地が商業用に使用された場合は、日本政府はそ

の区画に関する譲渡証書を撤回できるという協定に署名調印しました。むろんそのことで、私たちが土地を手放さざるを得なくなるなどということはありえませんでした。

しかし、やっかいな立場にあったために、また、土地の大きさを三分の一増やしたいと考えて、ブラウン氏と私は日本政府と公使の協定の条件に従って、三ヵ月で埋め立てられる予定の低湿地の土地を受け取ることに口頭で同意しました。間もなく〈……〉の期限が切れます。その間に、この土地の地代を年間一六六・四四ドル支払い、このために費やされた資金の利子は二四〇ドル以上です。私の家の家賃も二四〇ドル以上で、土地の一部に作った柵はバラバラに壊されて盗まれてしまいましたが、それにも六〇ドル以上かかり、その上建築用石材もだいぶ盗まれてしまいましたが、残っているものを新しい所に移すには一〇〇ドル以上かかるでしょう。また、新しい所では杭を土台の下に打ち込まなければなりませんし、水も引かなければなりませんから、建築にはさらに金がかかるでしょう。それに、そこは確かな医療関係者の判断によれば、住居には適さない不健康な所です……

『あゆみ』三二号（一九九三年）「ジェイムズ・バラの手紙 12」三九、四〇頁

⑧ J・M・フェリス神学博士

一八六八年四月二十四日　横浜

……アメリカ監督教会派の教会を建てようと最近カリフォルニアから当地に来たアメリカ監督教会派の牧師が、一週間くらい前に私の仲間の宣教師を訪ねてきて、ある目的のために収用された土地がかなりの期間その目的のために使用されない場合は回収できることを申し立て、あの土地

に現在なされている契約を無効にしようとする計画を、不注意にも漏らしたのです。彼は私の出発を非常に待ち望んでいる様子で、この件が討議されていることを運上所から聞きました。……仲間の宣教師たちも皆、私がここを去ったらあの土地は失われてしまうだろう、と言いました。また、彼らは、なんとしても直ちに建築を始めるべきだ、とも言いました……今、私は何をなすべきでしょうか。唯一の取るべき途、問題を永久的に解決する途は、立ち上がり〔教会〕建築を開始することです。石材と窓はありますので、あの二〇〇〇ドルで仕事は完成間近まで進むでしょう。サンドウィッチ島の一〇〇〇ドルがあれば、完成すると思いますし、建築がかなり進めば、求めなくてもすぐに寄付が集まる、と私は確信しています。……ハンワルケンビュルク将軍がプリュイン氏に委任権を求めるのではないかと時々心配になります。しかし……プリュイン氏は、証書を受け取ると同時にミッション本部に譲渡するという条件で、彼が証書を受け取ることの同意を私から得たのです。「私を信頼してください」という言葉が、この条件に対する彼の答えでした。私はまだ彼を信頼していますし、この約束が履行されたことが間もなく判明することを望んでいます。

……建築を開始し、小会堂部分が出来上がれば、私の帰国を妨げる障害は一ヵ月以内にすべて取り除かれると思います。その場合は、建築の経験のあるバプテスト派の宣教師が監督してくれるでしょう。……嬉しいことに、私に敵対する者より、私を支持してくれる者のほうが多いのです。多くの慎ましく熱心なイエスに従う者たちの祈りと共感、多くの貧しく身分の低い土地の人々の善意や、私の日本人の生徒と私の説教に耳を傾ける者たちの協力を、私は得ているのです。

『あゆみ』四一号（一九九八年）「ジェイムズ・バラの手紙　16」二七―二八、三二頁

（注　ここからの数通は、土地問題についての領事館とのやりとりになる）

⑨の1　M・ドーマン殿

一八六八年三月八日　横浜

私が権利書を保持し、地代を既に一年前払いした土地に建物を建てるため雇用した者たちの仕事を、日本の運上所当局がいかなる権限で止めさせたのか、お伺いしなければなりません。当該の土地は、一六七番地の土地、もしくはアメリカ教会の敷地として知られているものです。私は現在建てている教会堂を非常に必要としておりますので、速やかに制限を解除していただきたいと思います。

『あゆみ』四一号（一九九八年）「ジェイムズ・バラの手紙　16」三三頁

（注　この手紙の日付は原文では三月八日となっているが、五月八日と思われる）

⑨の2　J・H・バラ師

一八六八年五月九日　神奈川　アメリカ領事館

領事　ジュリアス・スタール

拝復　五月八日付の貴殿の書簡拝見いたしました。教会用地、即ち、日本政府から領事館およびその居宅の用地として与えられた土地の一画に含まれる教会用地についてのご質問にお答えします。あの土地の一部は、関係者すべてによって行われた割り当て作業により、一八六六年十一月の大火と同年十二月の火災の結果、アメリカ領事館の土地に組み込まれたものと思われます。外

国各国の代表者と日本政府は、甚大な被害を受けた外国人居留地一帯の衛生状態の改善と、将来における災厄防止のために、より完全な全体計画を立てる目的で、正当なる権限を持つ協定を行ったのです。

（注　この書簡のみ横浜開港資料館所蔵の「複製閲覧の資料」より）

⑨の3　J・H・バラ師

一八六八年五月十二日　神奈川　アメリカ領事館

領事　ジュリアス・スタール

神奈川奉行より貴殿に対して訴えがなされましたので、一八六八年五月十四日午前十一時に当領事館に出頭し、貴殿が現在当領事館の裏に位置する土地を占有し、そこに建物を建てる準備をしている理由を明らかにすることを命じます。

⑨の4　アメリカ領事　スタール殿

一八六八年五月十三日　横浜　J・H・バラ

拝復　私がアメリカ領事館の裏の土地を所有していることに対する日本の奉行の訴えに応えるために、五月十四日午前十一時にアメリカ領事館に出頭せよとの召喚状を確かに受け取りました。つきましては、この件の証人として次の人々を指定された時間に出席するよう召喚していただきたくお願い申し上げます。

A・L・C・ポートマン、トーマス・ホフ、C・A・フレック、H・A・アレン二世、J・C・ヘボン医学博士、D・タムソン師、J・ゴーブル師、日本政府の通訳石橋、前のアメリカ領事館を建てた日本大工〈……〉、一六七番の土地に私が雇った日本人大工テンキチ、および運上所土地担当の役人の長、斎藤ダイスケ。

『あゆみ』四一号（一九九八年）「ジェイムズ・バラの手紙　16」三四頁

ジェームズ・バラの手紙（二）

ここからは横浜開港資料館に保管されている資料からの翻訳になる。

原典“Archives of the Reformed Church in America”の「複製閲覧の資料」翻訳・飛田

⑩アメリカ領事　スタール殿

一八六八年六月十一日　横浜

貴殿の六月八日付一五四号の書簡を拝読し、その中の記述「五月十二日付一一八号の書簡により通知したにもかかわらず、貴殿はアメリカ領事館裏に位置する土地を占有し、そこに建物の建設を進めている理由を明らかにしていない」との内容に対してお答えします。

貴殿の一一八号書簡がアメリカ当局のマーシャル氏によって届けられると――同氏はその任務のためにゴーブル師宅で五月十三日の午前十時から正午まで待っておられました――私は直ちに同日午後返書をゴーブル師に託しました。その内容は、「神奈川奉行所から私に対して、アメリカ領事館裏の土地を占有して建物を建てている根拠を示せとの訴えが出ているので、五月十四日午前十一時にアメリカ領事館に出頭するように」という召喚を受け入れる旨通知するものでした。

そのとき私は、この件について証言してほしい人物のリストを渡して、所定の時間と場所に召喚してほしいと要求しました。本来、通告後二四時間以内に出頭を求めるのは違法であるにもかかわらず——領事館のマニュアルによると五日間が必要であり、しかも神奈川奉行所の訴えの写しもありませんでした——私は神奈川奉行所から出されたどんな訴えにも対処できるよう準備を整え、所定の時間に領事館に出頭しました。ところが、行ってみて驚いたことに、召喚しておいてほしいとお願いした証人が、ゴーブル師と、たまたま用事で来ておられたタムソン師しかいなかったのです。

貴殿は私に席に着くよう求めて書類を取り出し、ある種の尋問を始めようとされたので、私はそれを遮り、法廷は開かれているのですかとたずねました。貴殿は、法廷は開かれていない、アメリカ領事館と領事館法廷とは関係ないではないかと答えました。そこで私は、「もし私が召喚であることを認めるなら、私には証人が必要だと言えるはずでしょう」と答え、いつ証人に召喚通知を出したのかとたずねました。すると貴殿は自分が召喚したいときにそうする権利があるというような〈……〉ことを言われたので、私は証人を要求するのは判事の自由裁量によるものではないと思うと答えました。そして、「貴殿が領事館法廷の判事として命じたのでないなら、私はどんな権利によって領事館に出頭を求められたのか知りたい」と言いました。

すると貴殿は、自分が望むときにはいつでも人を召喚する権利があるという趣旨の答えをされたので、私は、それはナンセンスだと否定しました。居合わせた紳士の一人も、あなたにはそのような権利はないと否定すると、貴殿は怒りをあらわにして書記席に近づき、〈……〉。そこで私は、なぜアメリカ領事館の裏手の土地を所有しているかの理由を示すことを拒んだのです。

その日遅く、私は神奈川奉行所から当方に対して出されたという例の訴えを見せてもらうために貴殿を訪ねました。運上所に問い合わせたところ、そのような訴えは出ていないと聞いたからです。私には、そうであろうと信じる根拠がありました。ほんの数日前の六月六日のこと、貴殿はマーシャル氏を私のところに遣わして、教会の土地の権利書を貴殿のオフィスに届けるようにと言われたからです。……

⑪ J・M・フェリス師

一八六八年六月十三日　横浜

H・B・M・〈……〉のヒューズ氏に託して、最近例の土地問題に関して起こった事件についての大変重要な書類の小包をお送りします。私は彼らを厳しく追及して傷つけるようなことはしたくないのですが〈……〉
この書類を読むとおわかりになるように、彼は多くの不法な手段によって、私が貴ミッションの財産である土地を正当に使用するのを邪魔し、だまし取ろうとするのです。
第一は、教会堂を建てるために雇われた者たちの作業に干渉して止めさせたこと、第二は何も訴えが出ていないのに、悪意のある召喚をして出頭させたことです。そして現在はプロイセン政府のM氏（訳注　M・フォン・ブラントであろう）から、あの土地に対して訴えが出ているといって土地の使用や建築を止めるよう命じているのです。この訴えがアメリカ領事館の要請によって出されたことは間違いありません。私はあえてこの命令を無視し、彼に対してその不当な行為の数々を指摘する手紙を書きました。その手紙の写しを、私は本日イギリスの郵便であなたに送りました。アメリカの事務局経由では、安全が保てないでしょうから。おそらく事務局では警戒して、このアメリカの郵便船で先回りする手を打つでしょう。……

この土地問題に私が悩まされ続けていることをご理解いただきたいのです。そのために今でもこの地に建っている粗末な家に日本人の大工と共用で住んでいるのです。手紙を書いているテーブルの上には雨水がしたたり落ち、ノミが脚の上まで這い上がってきます。雨の多いじめじめしたこの季節、健康によくないことは言うまでもありません。この状態をご覧になれば、今こそこの土地問題を解決しなければとお考えくださるでしょう。

それに、アメリカ領事館と外国の役人たちが強く結託し、私をこの土地から追い出して地代よりも安いような沼地の土地をあてがおうとしていることをご存じでしょうか。今まさに危機が訪れているのです。

彼らは私を苦しめて追い出そうと、あらゆる不正な手段を使ったものの失敗したので、いまは交換の提案を持ち出しました。しかし、それは伝道局の利益から見てあまりに不利な条件なので、到底耳を貸すことはできません。将来の教会堂のために、あなたはこの土地にすでに三〇〇〇ドル使っているわけで、それだけのお金があれば交換のために提供された二倍の広さの土地が買えるでしょう。しかし、その土地を買っても、教会堂にしろ、ほかの建物にしろ、およそ実質的な建物を建てることはできないのです。ある建築士は、その上に現在の教会堂の壁を作るとすれば、一万ドルかけて基礎を固めなければならないと言いました。現在の土地であれば、三〇〇

○ドルで経費全体がまかなえます。

……各領事館はそれぞれ十分な土地を持っているのですから、この土地が必要なわけではありません。まあ、領事館の区画に土地を持つというのは、要するにプライドの問題なのです。

⑫Ｊ・Ｍ・フェリス師

一八六八年十月二十日　兵庫

私の手紙が兵庫の港から差し出されているのに驚かれることでしょう。私自身、こんなところで手紙を書いていることに驚いているのです。

委員会が、件の教会の土地の利点について〈……〉に報告するよう引き続き検討している旨述べられたお手紙を受領しました。この土地問題は、目下のところ責任を他の人に委ねて私はしばらく手を放すことができるような状態になっています。それから、私が約束通りに帰国できないために、私の家族がとても失望しているという手紙も受け取りました。サンフランシスコまでの非常に割安な船便が利用できる絶好の機会だからです。私は十二月一日ごろまでに出発することに〈……〉決めておりました。

私の家はやっと一部分出来上がったところで、私の限られた資金で完成させるためには十分な注意を払わなければなりませんが、友人たちが監督してくれるというので、今回は……楽な気持ちで旅に出ました。私も、自費で同行する改宗者の生徒も、船賃をすべて払ったところで、船は出帆のわずか一時間前になって行先を変更し、この港に寄り道することになったのです。

船長は私にぜひ乗っていくようにと誘ってくれました。私としては、日本の南の地方を見るよい機会であり、生徒にとっても妻と子どもたちを訪ねる機会が与えられて喜ばしいことでした。彼はこの前家族に会った後に一番上の子どもを亡くしているので、なおのことです。……

いま私は旅に出たことを後悔しておりません。それどころか、とても感謝しています。この旅が、私の将来や日本での仕事の上に、どんなにか大きな恩恵をもたらしてくれるだろうと感じるのです。横浜からこの港までの距離はおよそ四〇〇マイルです。蒸気船では三六時間、帆の力も借り、軽い追い風を受けて三日間で来てしまいました。

兵庫は大阪湾に面している美しい港です。おだやかな海面は三五マイル沖まで幅二五マイルにわたって広がっています。沿岸一二マイル北に大都市の大阪があります。大阪は、大阪湾に流れ込む多くの川の流域に位置しています。兵庫も大きな町で、大阪までの沿岸地帯は、まるでひと繋がりの都市という形になっています。おびただしい数の船が兵庫を出て大阪へ、あるいは日本の他の港へと向かっていきます。大阪に向けて今朝出航していった帆船ボートは、二〇〇隻あまりにもなるでしょうか。私はこの地域の人びとの、活発で実質的な商業活動に目を見張りました。わが国の西海岸にキノコのように生まれた多くの都市とくらべると、むしろボストンやフィラデルフィアに似た感じです。この民族固有の色彩が強くて外国の影響はあまり感じられず、外国の植民地のような横浜とはかなりちがっています。ここの知事はヨーロッパやアメリカへも行ったことがあるので英語を流暢に話し、役所の手続きも楽に進みました。……

⑬　J・M・フェリス師

一八六八年十一月二十七日　横浜

貴殿がイギリスの郵便船で送られたお手紙、No.MI849の写しと、同じくイギリス便のNo.MI945の写しを受領したご報告がすっかり遅くなりました。サンフランシスコから発信された電報に対する返事としてあなたが書かれた八月十四日月のお手紙以来、私は太平洋便の手紙は何も受け取っておりませんが、これまでの諸々の情報から推測すると、あなたはアメリカ領事が土地問題に不当な干渉をしたことに関する私の宣誓供述書を読まれたことと思います。この件については委員会が九月に報告してくださるものと思いますが、この手紙が着くころにはそれも済んでいることでしょう。

現在、その件については何も心配がなくなりました。神は周囲のすべての競争相手に対して私の望みを認めるよう計らってくださったのです。彼らはみな静かになりました。敗北を認めたと思われる重要な兆候は、アメリカ領事館が、領事館の敷地と建物をイギリスに売却してほかの場所に建築を始めたことです。ここではもう邪魔される恐れはなくなりました。

あなたは譲歩ということを提案されました。どんな譲歩をするべきか、あるいはするべきでないのかわかりません。委員会のために確保しようと長らく私が戦ってきたこの土地財産について何らかの譲歩をする、すなわち個人あるいは複数の誰かのために譲歩しなければならないなら、その前にまず教会の土地の半分は私個人の所有として与えられるべきです。残りの部分についてはあなたがどのような譲歩をされてもかまいませんが、それでも美しい小さな教会堂もしくは講義所が、日本人のための学校と教会を建てるという私の目的とはちがう目的のものに変わってしまうとしたら残念です。この建物には部屋が二つあるので、よい保健施設にもなります。もし私がここに長く留まるなら、裏側の部屋を宿舎にしようと思います。

このようなことがあったのですが、私は十月六日、故郷に帰るため帆船に乗りました。ところがその船は兵庫と大阪に寄り道をすることになったのです。でもこれらの港を訪ねるのはとてもありがたいことと思い、私は行くことにしました。ひと月ほどして戻ってみると、例の土地の状態が進展しているしるしが見えたので、とても喜んでいます。

大阪でフルベッキ師にお会いしました。きっともう報告が届いていることでしょう。私たちは思いがけず会う機会が与えられたことを喜び合いました。しかも、前から会いたいと言っていた大阪だったのですから。

私が乗った船は、その後もまだ何ヵ月か停泊しているようです。もしその船がサンフランシスコに行かないなら、私は十二月の蒸気船に乗るつもりです。来年の秋までにはこちらに戻らなければなりませんし、家族も淋しがっていますので。

この国の政治革命は、だいぶ先が見えてきました。ミカド（天皇）は江戸への途上、二十四日に東海道を通られました。江戸にしばらく留まって、東の首都を建設することになるでしょう。北の王子の会津はミカドの勢力に降伏しました。いよいよ日本に統一政府が出来上がるようです。タイクン（将軍）はミカドの政府からあてがわれた一地方で、一族と共に引退生活を送っています。ミカドの政府は一人あるいは少数が権力を握りましたが、政体の確立はまだこれからです。この帝国の中では、今この地上のどこよりも画期的な変革が起こりつつあります。統治権は誰の手にゆだねられるのでしょうか。

⑭

一八七〇年十月十八日　ニュージャージー州テナフライ

日本の横浜に建てる教会のために献金をしてくださった個人の皆様および教会の方々へ

私は皆さまの高潔なご援助に対して心からの感謝を申し上げ、私が募金をするようにと召命を受けた三〇〇〇ドルが主の祝福によって完全に達成されたことをご報告いたします。日本における主のお働きに、皆さまが新たにこのような関心を寄せてくださったおかげで、私はまた喜びをもって遠い東のふるさとに旅立っていきます。

皆さまは日本に主の家を建てる事業にとりかかってくださったのですから、主はあなた方にも立派な家を建て、また人の手によらない永遠の家を天に備えてくださるでしょう。

私はミッション・ボードのリー氏を通して、同氏の統括する募金箱ソウワー（種まく人）に、集まったお金を支援者の名簿と共にお送りしました。寄せられたそれぞれの献金に深く感謝申し上げます。

この感謝の思いが、末永く記憶に留められますよう切望いたします。

親愛なる主の僕

ジェームズ・H・バラ

付録Ⅱ

ジェームズ・ハミルトン・バラ関連年表

一八三二年（天保三）
九月七日　ニューヨーク州デラウェア郡ホバートの農家に生まれる。父・ジョン・ハミルトン・バラ、母・アン・プレビダンシイカ・クレーグ・バラの五男五女の二男。北コートライト合同改革長老教会で幼児洗礼。

一八三八年（天保八）六歳
ニューヨーク市の親戚宅に長期滞在して教区の学校に通い、友人に頼まれて「禁酒の誓約書」に署名、それに一生縛られることになる。父は知人の保証人となって農地を失い、デラウェア郡ダヴェンポートに移る。ジェームズは農業を手伝いながら学校に通う。

一八四四年（天保一四）一二歳
ニューヨーク市に移る。学校に二週間通い、その後ドラッグストアで働く。

一八四六年（弘化三）一四歳
ロックランド郡ウェストヘンプステッドに引っ越し。ウェスト・ヘンプステッド・オランダ改革派教会付属の郡学校に二年ほど通う。

一八四八年（嘉永一）頃　一六歳
ニューヨーク市北方の村サファーンの日用品店に住み込みで働き、主人の幼い娘の死に強い衝撃を受けて死を考える。宗教新聞に啓発されて聖書全編を完読。『バクスターの呼びかけ』により罪を意識、信仰に目覚める。

一八四九年（嘉永二）頃　一七歳
両親はニュージャージー州バーゲン郡テナフライに農場を買って引っ越し。ジェームズはハドソン河畔のヘイヴァーストロウに転職、宗教冊子から啓示を受けて宣教師になる決心をする。セントラル長老教会のフリーマン牧師に出会い、信仰告白。進学するため退職し、自宅で農業をしながら受験勉強に励む。

一八五一年（嘉永四）一九歳
オランダ改革派教会の教職者になることを決意し、フリーマン牧師に対する忠誠心に悩みながらも両親の属すシュラーレンバーグのオランダ改革派教会に転会。

一八五二年（嘉永五）二〇歳
ラトガース大学のグラマースクールに入学。

一八五三年（嘉永六）二一歳
ラトガース大学に入学。

一八五七年（安政四）二五歳
ラトガース大学を卒業、隣接のニューブランズウィック神学校に入学。

一八五八年（安政五）二六歳
日本開国に向け中国在住の三名の米宣教師S・W・ウィリアムズ、E・W・サイル、H・ウッド、本国の各ミッションに日本への宣教師の派遣を依頼。オランダ改革派教会のS・

R・ブラウンは来日を決め、ニューブランズウィック神学校で日本への宣教をすすめる講演をする。

一八五九年（安政六）二七歳

七月一日　横浜開港。十月十八日　ヘボン夫妻、神奈川に到着。十一月　アメリカから同船したオランダ改革派の宣教師三名のうち、S・R・ブラウン、D・B・シモンズは横浜に、G・F・フルベッキは長崎に上陸。

一八六〇年（安政七）二八歳

四月　J・ゴーブル夫妻（米国バプテスト自由伝道会宣教師）漂流民仙太郎と共に神奈川に到着。成仏寺の庭に小屋を建てて住む。秋、ジェームズはニューブランズウィック神学校を卒業。オランダ改革派教会バーゲン中会で按手礼を受ける。暮にシモンズが宣教師を辞任したため、日本派遣が決まる。

一八六一年（文久一）二九歳

四月十二日　アメリカ南北戦争始まる。五月十五日　ヴァージニア州出身のマーガレット・テート・キニアと結婚。六月一日　新婚のバラ夫妻「キャセイ号」で日本に向けニューヨーク港を出航。十一月七日　上海から乗った小型帆船「アイダ・ロジャース号」が熊野灘で台風に遭い、遭難寸前となる。十一月十一日　神奈川に到着、成仏寺に入居。十二月一日　成仏寺で最初の説教。

一八六二年（文久二）三〇歳

バラ夫妻、矢野隆山を教師として日本語の勉強を始める。ゴーブル一家居留地一一〇番に移転。バラ、仙太郎を使用人として引き取る。六月二十六日　長女キャリー・エリザベス・バラ誕生。九月十四日　生麦事件起こる。ヘボン、本覚寺で負傷者を手当。十二月　横浜英学所（横浜アカデミー）運上所内に開校。ブラウン、ヘボン、バラ（後にタムソンも）らが教える。一八六六年の大火で焼失、廃校となる。ヘボン、居留地三九番の新居に引っ越し。

一八六三年（文久三）三一歳

二月　米国領事館で米国人のための横浜ユニオン教会設立。ブラウン仮牧師。五月十八日　米長老教会宣教師D・タムソン来日、成仏寺に入居。六月一日　バラ一家、ブラウン一家およびタムソンと共に米国軍艦で横浜居留地に移転。米国領事館内に住む。九月　ヘボン夫人、居留地三九番で英学塾を開く。ヘボン塾の始まり。

一八六四年（元治一）三二歳

一月　幕府より居留地一六七番の土地（約七五五坪）が、S・R・ブラウンとバラに外人礼拝所建築敷地として下付された。二人はオランダ改革派教会の外国伝道会社嘱託委員としてこの地を管理。しかしその後土地を守るのに苦労する。五月二十三日　次女アンナ・ヘップバーン・バラ誕生。

一八六五年（慶応一）三三歳

ヘボン夫人横浜英学所で教え、しばらくバラ夫人がヘボン塾を引き受ける。十一月五日　矢野隆山、ヘボン立ち合いのもとでバラから受洗。日本プロテスタント最初の受洗者。十二月五日　矢野隆山死去。

一八六六年（慶応二）三四歳

三月　バラ夫人体調をくずし、二人の娘と一時帰国し、その後数年留まる。八月　第一聖日バラは在留外人のユニオン教会礼拝と並行し、領事館内の自宅で日本語による日本人のための礼拝と聖書研究を開始。十月　長男ジェームズ・カーティス・バラ、ヴァージニアで誕生。十一月二十六日　横浜大火（通称豚屋火事）起こる。米領事館焼失し、バラは書物や衣類などの所持品と翻訳原稿、書類などを失う。

一八六七年（慶応三）三五歳

四月　ブラウン邸焼失し、聖書の翻訳原稿多くが失われる。ブラウン一時帰国。十月　バラ、山手四八番に自宅用の土地を購入。この年、ヘボン、『和英語林集成』を完成。

一八六八年（明治一）三六歳

五月　安食敬次郎（粟津高明）、鈴木貫一、バラより受洗。バラは一六七番の土地を守るためゴーブルの監督下で小会堂の建築を開始。米国領事は中止を命じ、いざこざが起こるが、夏ごろ決着する。このころバラは、横浜の混血児の救済と女子教育の必要を母国の伝道局に訴え、女性宣教師の派遣を要請する。十二月　居留地一六七番の小会堂が完成し、バラは一時帰国に向かう。

一八六九年（明治二）三七歳

一月　アルバニーに米国婦人一致外国伝道協会のミセス・プラインを訪れ、混血児問題についてプラインの賛同を得る。二月　小川義綏、鈴木鉀二郎、鳥屋だい（女性初）、タムソンから受洗。四月　山手四八番のバラの自宅完成（建築及び家の管理はゴーブルに一任）。八月　ブラウン、オランダ改革派の宣教師ミス・キダーを伴って再来日。二人は新潟英学校で教える。

一八七〇年（明治三）三八歳
六月　ブラウン、横浜修文館の英語教師を任命され、キダーと新潟から戻る。同月　二村守三、長崎でエンソールより受洗。九月　キダー、ヘボン塾の女子を預かり、ヘボン診療所で女塾を始める。（フェリス女学校の前身）十月　バラ、本国で日本人の教会のための三〇〇〇ドルの募金を達成。十一月二十五日　バラ一家、帰日。山手四八番の新居は借り手との契約期間が半年残っていて入れず、山手七五番Aのゴーブルの新築の家を借りる。

一八七一年（明治四）三九歳
春　バラ、小会堂で英語と聖書を学ぶ「バラ塾」を開く。日本人生徒十数名。六月　米国婦人一致外国伝道協会の婦人宣教師、プライン、クロスビー、ピアソンの三名が来日。住宅難で、バラは折よく空いた自宅を提供。八月二十八日　婦人宣教師ら横浜山手四八番にミッション・ホームを設立。（共立女学校の前身）十一月二十八日―十二月五日　ゴーブルとの間で小会堂及びバラ自宅の建築と管理などの費用を巡り領事裁判。バラは敗訴、賠償金一四三ドルを支払う。十二月　藍樹堂《らんしゃどう》（高島学校）が設立され、バラは教師を勤める。十二月二十三日　岩倉遣米欧使節団出発。ゴーブル同船して帰国。

一八七二年（明治五）四〇歳
一月　在留外国人の初週祈祷会始まる。二月九日（旧暦元日）バラ塾学生篠崎桂之助、日本人の初週祈祷会を行いたいと申し出る。三〇名ほどが集まり、連日数週間続く。その間に植村正久入塾。三月十日　午前の礼拝で九名バラより受洗。（竹尾録郎、篠崎桂之助、進村漸、押川方義、吉田信好、佐藤一雄、戸波捨郎、大坪正之助、安藤劉太郎）午後の集会で、すでに受洗した小川義綏、二村守三と共に、一一名により日本基督公会を設立。バラは仮牧師となり、長老に小川義綏を選出。同月、粟津高明、鈴木貫一、鈴木鉀次郎、鳥屋だい、横浜公会に加入。六月　弟のジョン・バラ（米国長老派教会）来日、高島学校の教師となる。八月四日　S・W・ウィリアムズ横浜公会で「モリソン号の思い出」と題して講演。奥野昌綱ブラウンより受洗。九月　ヘボン邸で第一回宣教師会議。プロテスタント各派の一四名が集まり、共同での聖書の翻訳、合同神学校の創立、超教派の日本基督公会の設立を決定。十月一日　ミッション・ホーム、山手二一二番に移転。この秋、ヘボン、バラ、タムソン、奥野らの共訳による『新約聖書馬可伝』『新約聖書約翰伝』『新約聖書馬太伝』が出版される。

一八七三年（明治六）四一歳

改暦が行われ、明治五年十二月三日が明治六年一月一日となる。二月二十四日　太政官令により切支丹禁制の高札撤去。三月一日　横浜公会第一回総会。「公会規条」につき議論。長老に奥野昌綱、執事に仁村守三が決まる。五月四日　植村正久、熊野勇七、バラより受洗。五月十八日　ヘボン診療所で一緒に礼拝を守ってきたルーミスとバラの群れが二つに分かれ、バラは六八番のゲーテ座を聖日午前の礼拝所とする。九月二十日　東京日本基督公会（後の新栄教会）設立。八名の会員の大多数が横浜公会の会員。仮牧師はタムソン、長老は小川義綏。十月末　奥野昌綱と小川義綏、武相地方に日本人最初の地方伝道。約二〇日間。秋　S・R・ブラウン、山手二一一番の自宅でブラウン塾を開く。バラ塾の生徒もこれに加わる。この集まりが「横浜バンド」と呼ばれるようになる。

一八七四年（明治七）四二歳

四月　バラ夫人、子どもと一時帰国（四人目出産のため）。七月　篠崎桂之助ら青年学生八名、野洲、房総、箱根等近国の伝道に派遣。夏　バラ、箱根芦ノ湖で避暑の際に説教を試み、三島からも聴衆が集まる。箱根町の住民など五名が受洗。七月　下岡蓮杖（写真術の開祖）、中川嘉兵衛（食肉業及び製氷事業開祖）など六名バラより受洗。八月　山本秀煌など六名、バラより受洗。九月十三日　横浜第一長老公会（指路教会の前身）ヘボン診療所礼拝堂で設立。十月十八日　東京築地に東京第一長老教会設立。この年、ルーミス、奥野共編の讃美歌集『さんびのうた』刊行。

一八七五年（明治八）四三歳

四月　京浜、阪神四公会会議　公会条例による合同は意見の相違により中止。六月　キダー山手一七八番に校舎を建て「フェリス・セミナリー」を開校。七月十日　横浜基督公会会堂献堂式。会堂設計J・スメドレー、建築費一万ドル。大鐘はメアリー・プラインの寄贈。内外人の寄付により、日本で二台目のパイプオルガン設置（三〇〇〇ドル）。会堂はユニオン教会と共同で使用し、外国人は午前、日本人は午後に礼拝。この頃より海岸教会の名称が使われるようになる。夏　バラ、伊藤藤吉を伴って箱根山中宿で伝道集会、多くの求道者、受洗者が出る。さらに三島へ出て路傍説教、投石騒動が起こる。以後も三島伝道は続き、受洗者の籍は海岸教会に置いた。この年、奥野昌綱ほか海岸教会有志六〇名、「日本横浜禁酒会」を結成。

一八七六年（明治九）四四歳

一月三日　海岸教会長老押川方義、パームを助け伝道師として新潟に赴任。一月　ヘボンは居留地三九番の施療所を閉鎖し山手に転居。ヘボン塾はジョン・バラが引き継ぎ、「バラ学校」となる。一月三十日　稲垣信、バラより受洗。九月二十六日　篠崎桂之助の葬儀、新栄橋教会で。式後、国法に従い一旦本願寺に運んで「僧侶の手に触れしめ」、キリスト教式に埋葬。十月八日　上田公会設立。バラ、一九名に洗礼を授け、信徒三二名で結成。稲垣信を長老に、日下部省吾を執事に選挙。

一八七七年（明治一〇）四五歳

十月三日　「日本基督一致教会」が組織され、海岸教会で第一回中会が開催。日本長老教会、改革派教会、スコットランド長老派教会が合同して宣教に当ることを申し合わせ。小川義綏、奥野昌綱、戸田忠厚、日本人最初の牧師となる。十月十日　日本基督一致教会、東京築地に東京一致神学校を創設。十一月三日　麹町教会設立。海岸教会員中心の一八名の会員で。翌四日に九名が受洗、二七名となる。牧師・奥野昌綱、長老・吉田信好、井深梶之助。

一八七八年（明治一一）四六歳

バラ、東京一致神学校の予備校として自宅に男子校「先志学校」を開校。四月　日本基督一致教会第二回中会で、井深梶之助、植村正久、原猪作ら教師試補に合格。春　奥野昌綱、上州高崎に伝道、多くの妨害にあう。十月十二日　海岸教会で日本最初の基督教式の結婚式。司式はバラ、マクレー。新郎は元会津藩士の栗村左衛八、新婦は小山さい子（共立卒業生）。十月　埼玉県の和戸教会設立。新会堂建築の大工・小菅幸之助の故郷での伝道が実る。十二月　植村正久と山本秀煌、阪野嘉一と有松村で名古屋伝道。バラも同行。

一八七九年（明治一二）四七歳
　四月二十日　稲垣信、海岸教会第一代牧師に就任。バラは仮牧師を辞任し、一時帰国の後、遠隔地方の開拓伝道に赴く。その範囲は青森、野辺地、宮古、盛岡、一ノ関、新潟、松本、諏訪、伊那、飯田、名古屋、瀬戸、岡崎、豊橋、高知にまで及ぶ。十一月　聖書翻訳委員会「新約聖書」の翻訳を完了。ブラウン病気で帰米。
一八八〇年（明治一三）四八歳
　四月　「バラ学校」東京に移り「築地大学校」となる。ジョン・バラ校長。六月　S・R・ブラウン、マサチューセッツ州マンソンで逝去、七〇歳。この年、バラ、中山道を通り下諏訪宿に到達、上諏訪に講義所ができる。さらに諏訪から伊那、飯田、馬籠宿、中津川宿を経て瀬戸、名古屋まで伝道旅行。
一八八一年（明治一四）
　十月　ラトガース大学出身M・N・ワイコフ、先志学校長に就任。生徒二八名。
一八八二年（明治一五）五〇歳
　三月十五日　ハワイのカラカウワ国王、海岸教会の創立記念式に出席。八月一日　御殿場でキリスト教大演説会。バラも参加、大成功を収める。この年、バラは名古屋から阪野嘉一を同伴、徒歩で瀬戸村に伝道。
一八八三年（明治一六）五一歳
　一月　横浜市内の初週祈禱会からリバイバルの気運が高まり、全国に波及。一月四日　三島教会設立。投石事件でバラを匿った小出市兵衛がバラより受洗、教会の中核となる。それまで海岸教会に入籍していた約七〇名が転入会。三月　「横浜伝道会社」が設立され、近在地方の伝道を始める。横須賀、阿久和、戸塚、鶴間、原町田、金目村、保土ヶ谷など。派遣されたのは稲垣信、熊野雄七、山本秀煌、伊藤藤吉、星野又吉、林蓊《しげる》ほか数名。五月　キリスト教出版活動のため「警醒社」設立。小崎、植村、井深、湯浅。キリスト教週刊新聞『東京毎週新報』を発刊。九月　築地大学校と先志学校が合併し、東京一致英和学校となる。

一八八四年（明治一七）五二歳

五月　名古屋一致教会設立。植村正久、高木新吉らが開拓伝道を行う。十月　横浜YMCA、海岸教会の青年会員五名の主唱で結成。

一八八五年（明治一八）五三歳

三月十日　自由民権運動の細川瀏《きよし》、新橋教会でナックスから受洗。春にバラ、米国南長老教会伝道委員会に宣教師の応援派遣を要請、それに応じR・B・グリナン、R・E・マカルピン、十二月に横浜到着。高知伝道に赴く。この年、中島信之・俊子夫妻、一番町教会で植村正久から受洗。それ以後、猪俣弥八、宮田寅治など、金目村の人々が相次いで受洗。

一八八六年（明治一九）五四歳

五月　押川方義、ドイツ改革教会宣教師W・ホーイと「仙台神学校」を設立。東京一致神学校、東京一致英和学校、英和予備校が合併し「明治学院」となる。十月　「日本横浜禁酒会」が林蓊と寺尾亨によって組織化され、日本の禁酒運動のセンターとしての役割を果たす。

一八八七年（明治二〇）五五歳

一月　バラ高知へ応援伝道。土佐地方を巡回。二月　共同委員会訳『旧約聖書』出版。三月

十一十二日　海岸教会創立十五周年大記念会。記念礼拝ではバラが説教、熊野勇七が教会の沿革を述べる。六月　バラ、ミラー、コーレル、三河、尾張、美濃の伝道に出る。十月R・E・マカルピンとアンナ・バラ海岸教会で結婚式、名古屋に赴任。十二月　三大建白書事件が起こり、保安条例発布。高知教会員の片岡健吉、坂本直寛（竜馬の甥）ら逮捕される。

一八八八年（明治二一）五六歳

一月　バラの提案で三島に薔花《しょうか》女学校設立。バラ女学校として親しまれた。校長はジェームズの従姉妹のミス・リーゼ・バラ。明治二十五年に閉校。二月三日　東京新栄教会で聖書翻訳事業完成祝賀会。十月二十日　瀬戸永泉教会設立。信徒四十余名、名古屋一致教会から分離独立。バラはこの教会のために旅費を節約、野宿をして敷地の購入に充てたという。

一八八九年（明治二二）五七歳

二月十一日　大日本帝国憲法発布。信教の自由が初めて条件付きで認められる。このときの大赦により保安条例で逮捕された片岡健吉ら釈放される。一週間後、海岸教会で出獄感謝会。三月十日　金目村に基督公会の会堂が新築、献堂式が行われる。宮田寅治らが指導。バラ、植村なども伝道に訪れる。

一八九〇年（明治二三）五八歳

三月十四日　植村正久、『福音週報』（後の『福音新報』）創刊。九月十七日　阿久和教会設立式。稲垣信、石原保太郎、ワデル、バラ臨席。十月三十日　教育勅語発布。教育現場でキリスト教への風当たりが強くなる。十二月三一十六日　日本基督一致教会第六回大会で名称を「日本基督教会」と改め、憲法・規則を改正し、信仰告白を制定。使徒信条に前文を加えた簡略なもので、後の「日本基督教会信仰の告白」（一九五三年）の原型となる。

一八九一年（明治二四）五九歳

この年、日本基督教会会員数一一二五三、教会数七三、伝道所三八。

一八九二年（明治二五）六〇歳

一月六日　横浜住吉町教会が尾上町で新会堂献堂式を行い、指路教会と改称。三月十日　海岸教会創立二〇年祝会を開催。十月十五日　ヘボン夫妻帰米のため、指路教会で送別会。五〇〇名が参加。この年、バラは東京目黒に慰療園を開設。カトリックの復生病院のような施設を願う信徒の要望に応えて、アメリカで募金を行ったもの。

一八九三年（明治二六）六一歳

四月　稲垣信、牧師辞任。六月　北野高弥伝道師を招聘。牧師不在中は北野高弥、服部綾雄が説教。

一八九四年（明治二七）六二歳

一月八日　市内連合の初週祈祷会、海岸教会を皮切りに各教会で始まる。星野光多、十二月より数ヵ月間、牧師不在中の説教に当たる。

一八九五年（明治二八）六三歳

バラ一時帰国。伊藤藤吉、春頃より約一年間、牧師不在中の説教に当たる。

一八九六年（明治二九）六四歳

三月、細川瀏、第二代牧師に就任。

一八九七年（明治三〇）六五歳

七月　海岸教会創立二五年記念大演説会。この年の会員数七二四名。（男二七六、女四〇七、小児四一）

一八九八年（明治三一）六六歳

三月　細川瀏、牧師辞任。三月十日　フルベッキ、自宅で急逝、六八歳。バラ中心となって葬儀に当たる。六月十九日　稲垣信、牧師に再任。

一八九九年（明治三二）六七歳

七月十七日　安政五ヵ国条約（不平等条約）が改正される。外国人居留地廃止。八月三日文部省訓令第一二号交付。官公私立すべての学校で宗教教育が禁止。

一九〇一年（明治三四）六九歳

十月　日本基督教会第一五回大会でバラ師日本伝道四〇年感謝の表彰を受ける。

一九〇二年（明治三五）七〇歳

三月十日　教会創立三〇周年記念会。五月　教会の創立に対する米国改革派教会の尽力に感謝状を送る。秋に返書。

一九〇三年（明治三六）七一歳

この年、各派共同の讃美歌第一編ができる。

一九〇四年（明治三七）七二歳

十一月三日　植村正久が外国ミッションの影響を受けない神学校「東京神学社」を設立。

一九〇五年（明治三八）七三歳

十月十一―十四日　日本基督教会第一九回大会。独立決議案が通過し、各教会の自給独立を奨励して外国ミッションとの協力打ち切りを宣言。
一九〇六年（明治三九）七四歳
二月　稲垣信、牧師辞任。九月七日　笹倉弥吉、第三代牧師に就任。バラ、ラトガース大学より神学博士の学位を受ける。休暇で一年帰米。
一九〇七年（明治四〇）七五歳
六月二十七日　バラ南信州伊那谷の坂下教会へ稲垣信と同行、四人に授洗。十月十―十二日日本基督教会第二一回大会。憲法第八条の改正案が可決、女性長老への道が開かれる。
一九〇八年（明治四一）七六歳
六月　バラ夫人、病気悪化でアメリカへ検診のため一時帰国。
一九〇九年（明治四二）七七歳
三月十日　海岸教会創立記念祝会。バラ、祝辞を述べる。当時の在籍会員八一四名。創立以来の受洗者二二〇〇名。三月十六日　バラ夫人マーガレット、横浜で逝去、六八歳。十八日にフェリス女学校で葬儀、横浜外国人墓地に眠る。明治学院にバラ夫人記念奨学金を寄贈。四月　日本基督教会宣教開始五〇年祝賀会、東京基督教青年会館で。日本基督教会は初代宣教師のジェームズ・バラ（渡来後四八年）、デビッド・タムソン（四六年）両博士に感謝の決議をして功労を表彰した。七月一日　横浜開港五〇年記念祭。市歌、市章が定められる。十月一―四日　日本基督教会第二三回大会。このときから「憲法及び信仰告白」の改正案が実施される。十月十五日　横浜ユニオン教会山手四九番に新会堂を建設し移転。海岸教会にあったパイプオルガンは移設、海岸教会は以後リードオルガンを使用。

一九一一年（明治四四）七九歳
九月二十一日　ヘボン博士、ニュージャージー州イーストオレンジの自宅で逝去、九六歳。この日同時刻に明治学院のヘボン館が焼失。十一月十一日　「バラ師着任五〇年祝賀会」が海岸教会で盛大に開催。

一九一四年（大正三）八二歳
五月から大正六年五月まで三年連続の全国的な協同の大伝道が行われる。日本東部（愛知、長野、北陸地方以東）の部長は植村正久。

一九一九年（大正八）八七歳
六月　バラ五八年間の伝道生活を終え、娘婿マカルピンの付き添いで帰国。

一九二〇年（大正九）八八歳
一月二十九日　バラ師、ヴァージニア州リッチモンド市ゲナバーグで永眠。

年表　注

横浜海岸教会の正式名称について
一八七二年（明治五）の教会設立当初は「日本基督公会」とされたが、一八七五年（明治八）に新会堂が建設されたころから「海岸教会」と呼ばれるようになり、場合によって「横浜」を冠することもあったようである。これまでの当教会の年表には、この新会堂の献堂式の際に「横浜海岸教会と改称された」と書かれているが、それを裏付ける記録は乏しい。現に大正十一年に発行された最初の教会史のタイトルは『海岸教会創立五十年略史』であり、発行者も海岸教会となっている。

厳密には、「横浜海岸教会」が正式名称となったのは、太平洋戦争の開始が迫った一九四一年（昭和十六）六月、海岸教会が所属していた日本基督教会が、宗教団体法により日本基督教団に組み入れられたときのようである。それ以後は一貫して「横浜海岸教会」が名称として使われている。

主な参考文献

『日本基督教会横浜海岸教会史年表〈I〉一八〇六年～一八七七年』　井上平三郎編、改革社、一九八二年
『海岸教会創立五十年略史』　海岸教会、大正十一年三月十日
『濱のともしび――横浜海岸教会初期史考』　井上平三郎著、キリスト新聞社、一九八三年
『横浜海岸教会百年の歩み』　横浜海岸教会編集・発行、一九七二年
『宣教師バラの初期伝道――しののめ　夜明け　日本における神の国のはじまり』　ジェームズ・ハミルトン・バラ著、井上光訳、キリスト新聞社、二〇一〇年
『横浜バンド史話』　高谷道男・太田愛人共著、築地書館、一九八一年
『あゆみ』（フェリス女学院資料室紀要）より「ジェイムズ・バラの手紙」18、19、21、23、30、32、41　各号、学校法人フェリス女学院発行
"Archives of the Reformed Church in America"　複製閲覧の資料、横浜開港資料館蔵
『日本基督教会史』　山本秀煌編、日本基督教会事務所、一九二九年
『植村正久と其の時代』　第一巻、第二巻、佐波亘編、教文館、一九三八年（二〇〇〇年復刻版）
『幕末明治耶蘇教史研究』　小沢三郎著、亜細亜書房、一九四四年
『長老・改革教会来日宣教師事典』　中島耕二、辻直人、大西晴樹共著、新教出版社、二〇〇三年
『日本キリスト教会50年史』　日本キリスト教会歴史編纂委員会編著、一麦出版社、二〇一一年

『日本プロテスタント　キリスト教史』土肥昭夫著、新教出版社、一九九四年
『日本伝道百年史』バラ・マカルピン宣教記念誌発刊編集委員会編、つのぶえ社、一九七八年
『R・E・マカルピン回想録』水垣清、石井正治郎共訳、つのぶえ社、一九九五年
『横浜開港と宣教師たち――伝道とミッション・スクール』横浜プロテスタント史研究会編、有隣新書、二〇〇八年
『ジョナサン・ゴーブル研究』川島第二郎著、新教出版社、一九八八年
『横浜指路教会百二十五年史』横浜指路教会百二十五年史編纂委員会、二〇〇四年
『高知教会百年史』日本基督教団高知教会、一九八五年
『明治学院百五十年史』明治学院百五十年史編集委員会、二〇一三年
『横浜共立学園120年の歩み』横浜共立学園、一九九一年
『古き日本の瞥見』マーガレット・バラ著、川久保とくお訳、有隣新書、一九九二年
『日本のフルベッキ――無国籍の宣教師フルベッキの生涯』W・E・グリフィス著、松浦玲監修、村瀬寿代訳編、洋学堂書店、二〇〇三年
『アンクル・トムの小屋』ハリエット・ビーチャー・ストウ著、小林憲二訳、明石書店、二〇一七年
『牧師の求婚』ハリエット・ビーチャー・ストウ著、鈴木茂々子訳、ドメス出版、二〇〇二年
『ドイツ公使の見た明治維新』M・V・ブラント著、原潔・永岡敦訳、新人物往来社、一九八七年
Gordon D. Laman, "Pioneers to Partners—the Reformed Church in America and Christian Mission with the Japanese," William B. Eerdmans Publishing Company, 2012

あとがき

この自伝は伝道のごく初期の段階で終わっていますので、興味のある方は、日本基督公会設立前後をくわしく語る『宣教師バラの初期伝道――しののめ　夜明け　日本における神の国の始まり』をお読みくださるようお願いします。ここではまず、それより後のバラの本格的な地方伝道のあとを簡単にたどります。

日本基督公会が設立された翌年の一八七三年（明治六）二月二十四日、切支丹禁制の高札が撤去されると、バラはまず近隣の地域での伝道を始めました。教会の中でも受洗を希望する者が次第にふえ、信徒自身も伝道活動をするようになっていきます。同年九月には東京築地の外国人居留地に、東京在住の日本基督公会のメンバーが主体となって東京日本基督公会（のちの新栄教会）が設立されました。その後も各地で集会が開かれて、浅草、牛込、日本橋などの教会が誕生していきます。

本格的なバラの伝道は、まず避暑地の箱根、御殿場や山中など富士山麓地帯から始められました。それからさらに三島まで下り、集会を開きながら次々と信者を増やしていきました。三島では路傍伝道で石を投げられた際にかくまわれた桔梗屋の小出市兵衛宅を本拠に伝道を続け、三島教会の基礎を築きました。信州上田では、稲垣信の始めた「上田禁酒会」を応援し、一八七六年に上田基督公会が設立されました。

一八七九年（明治一二）、その稲垣信を日本基督公会の牧師に迎えてバラは仮牧師を辞任し、一時帰国ののち、いよいよ遠隔地の開拓伝道に出かけます。わらじ履きでこうもり傘を手に、時には野宿をしながら、東北の青森、宮古、盛岡から新潟、関東一円、富士山麓一帯、上田、松本、諏訪など信州各地、愛知県の瀬戸、名古屋、岡崎、豊橋、さらに四国の高知へと範囲を広げていきました。名古屋へ行くときなどは、往きに東海道を通れば、帰りは中山道の山路を通るということが多かったようです。上田公会を中心にこの中山道の信州伝道もよく行われ、松本、諏訪、伊那谷、飯田などに教会が成長していきました。

バラの旺盛な伝道精神は晩年になっても衰えませんでした。三島教会長老で童話作家の小出正吾氏（小出市兵衛の孫）は、中学生のころ伝道のお手伝いをしたことがあるとのことで、明治末期の伊豆伝道の様子を次のように語っています。

「（あるとき）バラさんが来られたけど、どこへ行ったかわからない。すると靴をわらじにはきかえて、一人で汽車に乗って丹那（函南）でたった一人孤独を守っておられた方、それを訪ねるんですね。……大きな背中をまるくして、暇さえあれば行く……柏久保（修善寺の近く）の奥の方まで行かれました。そして、湯ヶ島伝道までされたんですね。そういうところに点々とクリスチャンホームがあって、その当時早くもバラさんの手で福音がまかれている……」

（キリスト教史談会パンフレット③「バラ先生と伊豆伝道」一二—一三頁、昭和四八年）

その伝道精神は、バラ家の次の世代にも受け継がれていきました。次女のアンナは、バラの要請によって来日した米国南長老教会のR・E・マカルピン宣教師と結婚し、名古屋を本拠に活動します。マカルピン夫妻の息子のJ・A・マカルピンは太平洋戦争以前に日本で伝道を始め、戦後再び来日して活動を続けました。同じくマカルピンの娘のA・H・マカルピン（バウド・チャンバース・モーアと結婚）の息子であるラードナ・チャールス・モーア（バラの曽孫）は大阪淀川キリスト教病院のチャプレーンを四〇年余勤めました。退任後モーア夫妻はアメリカで暮らしていますが、来日すると横浜海岸教会の礼拝に出席されます。一族の中からはそのほかにも数多くの宣教師が輩出し、世界各地で活動しています。バラ自身の言葉の通り、「主に祝福された」一族であると言えるでしょう。

次に、この自伝の原稿がどのようにして横浜海岸教会に届いたかを考察します。聞き伝えによると、バラなど初期のオランダ改革派教会宣教師に関する資料の大部分は、ヘボン研究家で横浜指路教会の長老だった高谷道男氏によって発見されました。その詳しい事情を、『横浜バンド史話』（高谷道男・太田愛人対談、築地書館、一九八一年）、『宣教師バラの初期伝道――しののめ　夜明け　日本における神の国の始まり』（略して『しののめ』二〇一〇年）および『濱のともしび――横浜海岸教会初期史考』（井上平三郎著、キリスト新聞社、一九八三年）等に書かれていることを総合してお伝えします。

始めに『しののめ』の前書きにある説明の大要をご紹介します。

――ヘボン研究家の高谷道男氏は一九五六年と一九六四年にニュージャージー州のニューブ

ランズウィック神学校（バラの母校）を訪れ、同校の図書館でG・F・フルベッキ、J・H・バラ、S・R・ブラウンなどの書簡やフルベッキの日本宣教記録を発見し、マイクロフィルムに収めて日本へ持ち帰りました。その後それらの資料を編纂、翻訳して、『S・R・ブラウン書簡集』『ヘボンの手紙』『フルベッキ書簡集』として次々と出版されました。

高谷氏が『しののめ』の原本を発見されたのは、一九五六年頃と思われます。同氏は一九七七年ごろ『しののめ』の原本のマイクロフィルムのコピーを横浜海岸教会に持ってきて、「これはバラ先生が書かれたものだから、お宅の教会で訳してください」と言われました。それで海岸教会長老の友野宏弥氏が英文タイプに起こし、井上光氏が翻訳しましたが、そのまま時が経って、出版は二〇一〇年になりました。――

次は『横浜バンド史話』の内容からです。対談の中で、高谷氏はバラに関する資料について、「"Grandpa's Romance of Missions"（本書）と"Early Recollections"（若い時の思い出）はタイプに打ったものが手元にあるが、"Shinonome"（『しののめ』）はまだタイプされていない」と言っておられますので、おそらくこの三つの作品は同時期に発見されたのでしょう。高谷氏によると、"Grandpa's Romance"のタイプは先ほどの友野宏弥氏の姪で横浜指路教会会員の有地さんがその労を取ってくださったということです。

高谷氏はそのタイプ原稿のコピーを、横浜海岸教会の井上平三郎牧師に、『しののめ』の原稿と一緒に渡してくださったものと思われます。井上牧師は『濱のともしび』の中で、この二つの原稿をもとにして、ジェームズの生い立ちと日本での初期伝道を紹介しています。ところがその後原稿の行方がわからなくなりました。

ところで横浜海岸教会は二〇二二年に創立一五〇年を迎えるので、一五〇年史編纂の準備が数年前から始まりました。私もその一員に加わったので、バラの自伝はぜひ読みたいと思って探していたのですが見つかりませんでした。

そうこうするうち当教会では二〇一三年から会堂の大改修が始まり、書籍や資料などはみな段ボールに入れて外に保管することになりました。一四年の暮に無事改修を終え、その後段ボールの資料を整理していたところ、なんと古びた書類の束の中から件の原稿がそっくり見つかったのです。"Grandpa's Romance of Missions"の手書きの原稿とタイプ原稿、バラ夫人の"Glimpses of Old Japan"（『古き日本の瞥見』）、バラの手紙のコピーなど、貴重な資料が次々と発見されました。大切に保管しすぎて埋もれてしまったようです。私は宝物を発見して興奮しながらタイプの原稿を大事に持ち帰って読みました。原稿には、井上牧師の筆跡と思われる書き込みもあり、大先輩の仕事のあとを辿るような気分がありました。

それからしばらくして、横浜プロテスタント史研究会の世話役をされている横浜指路教会の岡部一興氏から、「一五〇年記念の一環として、この作品を訳しませんか」というお話がありました。私はまだプロテスタント史の勉強を始めてから日も浅く、力不足ですが、バラ師の人柄が身近に感じられるこの成長の記録をぜひ紹介したいと思って挑戦しました。

バラは、この書を、折にふれて思い出すままに綴ったのでしょう、原文は文節の区切りもなく、たくさんの小見出しが入った形で、初めから終わりまでつながっています。そこで翻訳文では読みやすいよう章に分け、小見出しは半分ほどに減らしました。

この原稿が完成するまでには高谷氏初め多くの方々の並々ならぬご努力とご奉仕がありました。改めてそれを思い、深く感謝申し上げます。また、翻訳の機会を与えてくださった岡部氏からは、その後もいろいろとご親切なアドバイスをいただきました。それから（有）エートゥーゼットのデイビッド・セイン氏には、英文の解釈や手書きの手紙の判読に何度も力を貸していただきました。最後に出版にあたっては、キリスト新聞社の方々に大変お世話になりました。心からお礼を申し上げます。

訳者紹介

飛田妙子（ひだ　たえこ）

1934年神奈川県生まれ。横浜市在住。

フェリス女学院中・高等学校卒業。津田塾大学英文科卒業。

横浜共立学園高等学校英語科講師を長年勤め、のち翻訳に携わる。

訳書にマイケル・J・ローズ著『魂の絆』（1997年）、『魂との対話』（1998年）、『人生の答え』（2001年）、トム・ブラウン・Jr著『グランドファーザー』（1998年）（以上徳間書店）ほかがある。

共訳書にスティーブン・D・ストラウス著『世界のヒット商品はどんな「ひらめき」から生まれたの？』（2003年、主婦の友社）ほかがあり、著書に『めぐみの日々　初江おばあちゃんの歩んだ百年』（2006年、文芸社）がある。

横浜プロテスタント史研究会会員、日本キリスト教会横浜海岸教会会員。

日本最初のプロテスタント教会を創った
ジェームズ・バラの若き日の回想

2018年5月25日　第1版第1刷発行

訳　者　飛　田　妙　子
発行所　株式会社　キリスト新聞社
出版事業課
〒162-0814　東京都新宿区新小川町9-1
電話03（5579）2432
URL. http://www.kirishin.com
E-Mail. support@kirishin.com
印刷所　モリモト印刷

ISBN978-4-87395-744-9　C0016（日キ販）　Printed in Japan